心經・金剛經輕鬆讀

蕭振士 /著

How to read The Maha Prajna Paramita Hrdaya Sutra and Vajracchedika-prajna-paramita-sutra easily

聖智之無者，無知下，聖智無有知、惑智知體皆無別也。所以無者，是義也，雖同言無，其義各異也。何者？夫聖心虛靜下，謂聖心無執著也，無有執著之知，而言其空也。惑智有知下，謂惑智有執著也，有此執著之知，而言其空也。

僧肇　般若無知論

聖智即般若，般若之知能見空的實相而無所執著。
惑智即凡智，凡智之知能見空的實相而執著於空。

譯者

目次

序　言

每個人對自己的生命價值，或多或少都有些期許，期許就是生命的動能。當然，每個人也因爲對生命的期許不同，而走上不同的人生道路。道路雖然不同，卻有一個都必須解答的問題——你滿意嗎？人生最好是能隨心所欲，任何一個人都會滿足於這樣的人生——要什麼有什麼，要活多久就活多久。

但是人生不是這樣，不只是物質或精神上不可能得到無限的滿足，更重要的是生命的侷限性。佛陀出家就是看到無限的不可能，尤其是生命的侷限，才立志出家求道。在我們現實的人生中，要隨心所欲，不是不可能，但不是無限的欲望可以獲得滿足，而是必須透過欲望的減少來達成。我們常說，貧窮不是匱乏，而是欲望不能滿足，就是這個道理。但欲望的減少，卻有不同的途徑。人可以透過壓抑減少欲望，也可以不透過壓抑減少欲望。強加壓抑是常人的作法，有智慧的人則不必透過壓抑，而是透過對外在世界的眞實知見，從認知改變人的欲望。修行的人也是一樣，六祖慧能與其師兄神秀，爲了説明自己的修行，分別作了兩首詩偈，正是最明顯的例子：

神秀：

身是菩提樹，心如明鏡台；
時時勤拂拭，勿使惹塵埃。

慧能：

菩提本無樹，明鏡亦非台；
本來無一物，何處惹塵埃。

神秀的「勤拂拭」，就是克己的功夫；慧能的「無一物」，就是智慧的功夫。本書希望介紹給讀者的般若思想，就是智慧的功夫。透過智慧，使讀者在人生的道路上能隨心所欲，自在解脫。

佛學中的般若思想，源自於原始佛教的緣起論與無常論。緣起與無常是佛陀所體悟的、對宇宙正確認知的眞理。基於無常，才有「空」的理論；基於緣起，才有「性空」的理論。

如果要問「智慧」（般若）所要認知的是什麼？簡要地說，就是要人們以智慧打破在經驗主義之下，造成人們將虛幻的世界誤認爲實有的錯誤。佛所說的無常與緣起，就是在說現象不會獨立生成，也不會獨立存在，緣起緣滅，一切都是虛妄不實。但凡夫依於肉眼所見的經驗，總是將這些虛妄的現象，當成眞實存在。

般若思想興起於大乘初期，影響了稍後的唯識思想，分別形成大乘的兩大系統——大乘空宗（般若）、大乘有宗（唯識），是後來大乘佛法的主流。而流傳中國的經典中，《心經》與《金剛經》千餘年來一直都是般若思想的主要經典，這正是我們介紹般若思想時，爲什麼要選擇這兩部經典的原因。

本書編撰的目的，是給一般社會大眾閱讀之用，並不打算對這兩部經的經文作逐文逐句的解說，只希望作系統、概括性的解說。另一方面，爲了保持原典的精神，也不宜作過多的闡釋，因此採取了重點式的解說。但是對一個初學者而言，佛學的名相是一個認知的關鍵。由於佛學的名相使用的文字，往往與一般通用的意義有所差別，形成入門的阻障，所以本書對經中所提及的名相，均作了詳細的解說，希望藉此有助讀者克服閱讀上的障礙。

我們不必刻意把佛法神聖化，因爲這麼做只會使我們離佛法愈遠。佛法只是我們尋求生命價值的一條道路。佛法只是道路，就像我們要看到皎潔的月光，必須用手指指出月亮的方向，佛法就是那隻手指。

話說
般若思想

般若波羅蜜菩薩

一、從宗教談起

宗教的理想

宗教是什麼？從構成的元素觀察，宗教必須具備教義、組織、儀式、神聖者、信仰與信仰者等等這些能見與不能見的元素，才是一個完整的宗教。宗教伴隨著人類已有數千年的歷史，那麼究竟是人類創造了宗教，或是人類獲得了啓示而有宗教？廿一世紀的科技尚不足以回答這個問題。於是人們必須簡化地用現象的觀察與經驗來認識宗教。有一種現象是所有宗教學者不能否定的事實：**宗教理想就是人類對生命、對善的理想追求**。無論是對個人或群體，宗教都充滿了關懷與期待，這也是宗教能生生不息，佔據人類文明主流的原因。不管宗教的構成元素是否完備，這個理想是永恆的。

從遠古以來，人就是生活在不理想、不完善的環境中。人的意識在這不完善的世界中，沒有放棄對善的追求、對生命價值的追求。律法給予現實社會向善的規範，使人類社會能有秩序地向前推進；在宗教方面，則有倫理性教義規範信徒的行爲，例如佛教的基本五戒、八正道等。但這些規範只是現實的、功利的，希望藉著這些規範，維持人類社會的秩序。在這樣的社會規範的範疇中，宗教的倫理制約與法律是相同的，只是懲罰者可能不同，受罰的內容也有所差異。馬斯洛將人的心理需求分爲五大層次：生存、安全、愛、歸屬、自我實現。以懲罰爲手段的規範，應該是止於人類對生存與安全的需求。這只能說明人類的部份需求，或者說這只是人類社會底層的需求。

宗教提供的不僅是這類基本的需求。人類的進化來到哺乳類時，根據我們對動物的研究，此時已產生了愛與歸屬的需求階段。哺乳使兩代之間存在愛，群居使同類產生歸屬感。但宗教的產生應該還在更上層的智慧與意識。智慧使人類對自然環境產生有別於其它動物的意識。當人類意識到自然力量的偉大與無法力抗，或許正是信仰生起的時候。但此時產生的信仰是不是對自然的屈服？還是希望藉由信仰克服自然帶給人類的侷限性？

宗教與信仰的不同

信仰與宗教又有何差別？原始的信仰應該是來自畏懼，畏懼則源於人類力量無法與自然相抗。因此人類早期信仰的主要成分，應該是一種被動的、無奈的祈求，而不是理想的實踐。這種被動的信仰，我們很難將它與宗教劃上等號，充其量只能說是宗教的起源之一。正如我們今天在談論民間信仰與宗教的差別時，總會對民間信仰作出被動、祈求、功利的價值判斷。我們很難（甚至是不可能）在民間信仰中看到人對生命價值、對宗教理想的追求。

台灣的社會裏，充滿了對觀音菩薩的信仰，無論是正信佛教或民間的觀音信仰，人們一樣地虔誠、恭敬，在同一天為觀音誕生、得道祝禱。但供養觀音的人都具有相同的宗教情懷嗎？還是各具不同的心念？是功利的祈求？或是解脫的追求？佛陀在認知人類無法擺脫生老病死的糾纏時，並不是去向自然妥協、向自然祈求，而是要超越生死，這或許可作為信仰與宗教情懷的基本差異去思索。

《心經》的第一句：「觀自在菩薩，行深般若波羅蜜多時，照見五蘊皆空，度一切苦厄。」誦此經文時，有人因虔敬，一心祈求，而得心安穩，度一切苦厄；也有人因照見五蘊皆空，而度一切苦厄。用這樣來區別信仰的追求與宗教情懷的實踐，或許可以使讀者在信仰與宗教上有會心的分辨。再進一步說明，這「度一切苦厄」又該如何理解？是度自己的一切苦厄？還是度眾生的一切苦厄？

龍樹菩薩在《中論》一書中，說明聲聞弟子是指在佛住世時，得聞佛法，開悟得解脫者；而佛滅以後，佛法未住世時，獨自遠離人群，至僻靜處修行而得道者為辟支佛（緣覺）。這兩種修行人便是度自身苦厄的羅漢道。

宗教情懷應該不是止於個人修行的。世界三大宗教無不以「愛」作為教義的核心，並藉由愛的實踐，滿足人類的歸屬感與自我成就的實現。或許這就是宗教情懷的主要內涵。從宗教情懷觀察，我們看到了宗教總是走在人類文明的前端，引領人類文明不斷向前，使人們見到無限的光明與期待。傅佩榮教授在談論宗教的價值時，提出了人生的三個目標：**生命取向要高，生命體驗要深，生命能量要強**。宗教不就是我們實現這三個目標的最佳材料與途徑嗎？

三大宗教的別異

那麼，世界三大宗教中，彼此具有什麼差別呢？佛教又具有什麼特色？回答這個問題，必須回到前文所提的信仰問題與馬斯洛對人的心理需求所作的詮釋。馬斯洛所說人類對「愛」的需求，我們很難把這項需求歸於人類所特有，因爲透過對哺乳類動物的觀察，也可以發現「愛」是牠們群體生活中的重要特色。甚至在群居動物中，我們也可發現「歸屬」的意識，只是動物的歸屬性僅止於群類，不像人類的歸屬感已超越了群體。歸屬表現在宗教上，便是信仰，這種宗教信仰，在基督教與回教的教義中，則以「契約」的型態呈現，並成爲教義與信仰的中心。所謂契約便是相互獲得利益——一種報償式的利益。

佛教是不是就沒有這種「契約」型態的教義？看看佛教取自印度文化的輪迴觀，便知道答案了。在輪迴思想中，業力就像商人所使用的貨幣。今生今世的作爲，行善者生於善道，就像經商致富的商人，可用賺來的錢購買自己所須、享受金錢帶來的快樂；行惡的人生於惡道，就像負債的商人，爲了還債，必須不斷努力賺錢償債，犧牲一切的享樂。但輪迴絕不是佛教教義的主軸，而是部份。在佛教邁入成熟期後，也就是大乘時代，龍樹甚至以第一義諦否定輪迴的眞理性，將輪迴觀歸於世俗諦。這便是「空」義的精髓，也是佛教不同於其它宗教的主要特色。

二、佛教的特色

人本主義的精神

美國休斯頓．史密斯教授提綱挈領地爲佛教標榜了六大特色：

一、佛陀傳揚的是一種沒有權威的宗教。

二、佛陀教導的是一種沒有儀式的宗教。

三、佛陀宣揚的是一種繞過玄想的宗教。

四、佛陀鼓吹的是一種沒有傳統的宗教。

五、佛陀宣揚的是一種高度自力的宗教。

六、佛陀講的是一種沒有超自然的宗教。

史密斯同時說道：「如果沒有一個人格性的創造神，就是無神論的話，佛教就是無神論的。」長期以來人們習慣於宗教就是對神的崇拜，但這不是宗教的全部。

人創造了信仰的神，使人有所歸依，卻也同時形成神聖者對人的拘束。這種拘束一方面形成權威與傳統，一方面轉化為儀式，呈現在宗教生活中。我們同時看到了神帶來的秩序——倫理的制約，以及創造力的壓制。它使人類社會呈現秩序，但也使人們相對地受到制約。

就像佛教產生的背景，佛陀在追求眞理的過程中，他首先對傳統的婆羅門制度提出否定，否定婆羅門的種姓制度，主張人人都可修行，都可信仰。與梵天的溝通不是祭司的專屬權力，因為佛陀根本否定梵天能主宰宇宙的一切。佛陀也主張輪迴，但否定是由梵天決定輪迴，形成種姓的差別，而是由個人所造的業去決定，由此肯定眾生平等。在傳統的婆羅門觀念中，「梵」是大宇宙的中心，「我」則是小宇宙的中心，修行就是要達成「梵我合一」。佛陀則反其道而行，認為修行是為了尋求「我」的超然解脫，不是向「梵」靠攏。這種解脫不是靠祭祀、祈禱，而是自己的覺悟，就像佛陀出家以後，曾以六年的苦行，希望能拋棄肉體的侷限，但終究失敗了。反而是在喝了牧羊女的乳糜之後，透過思惟、智慧，最後告訴人們：「我醒來了，我知道了！」知道、醒來了，也成了他的名字——佛陀。人類的自我意識在佛教的信仰中，獲得充分的發揚與肯定。

宗教不等於傳統、權威，尤其是佛教。因爲佛教的創立，本來就是由反傳統、反權威出發。佛教也不是政治的工具，因爲佛教的創立與僧團的組織不是一群受迫害的民衆。這些不同於其它宗教創生的原因，正是史密斯所強調佛教所擁有的特色的原因。佛教也正因爲這些特色，使有些宗教學者否定佛教是一門宗教。但宗教所應具備的條件，客觀地說，不宜以外在的形式作規範。神聖者不應該只限定在擬人化的神，或是萬能的主宰。人們所肯定的眞理，應該也可以作爲宗教的神聖者。佛教正是以眞理爲目標的神聖崇拜，也因此，古往今來的宗教，從來沒有一種宗教，能像佛教一樣，在教義中不斷探索，不斷豐富內容。這也是因爲佛教充分肯定個人價值，必然帶來的豐盛成果。

佛教的獨特性，正是這種「自我意識」，自我意識的抬頭，使人們懂得去思考生命的價值，使人跳脫「神聖」、「權威」對人的壓制性。這正是佛教反傳統、無神論的根本。自我意識同時彰顯了人本主義，使人成爲宗教的中心議題，而不是神。在佛教的教義中，雖然也表現了人對佛陀的虔敬，但這種尊重的意識，並不是來自於佛陀的神通或權威，而是基於佛陀是一位「覺悟者」，是人們學習的對象。我們信仰佛教，是因為要「學佛」，不是「崇拜」。

佛教的中心議題

佛教的教義無論如何演化，永遠沒有脫離一個主題——尋求人生的自在解脫。這自在解脫的追求，永遠不脫離對宇宙萬象的基本認知——無常與緣起。從原始佛教到現代佛教，如果脫離了這兩個原則，恐怕就不能稱為佛教了！

原始佛教的教義，除了無常與緣起，尚有八正道、四諦、輪迴觀等。八正道是修行的方法；四諦則是由認識宇宙到解脫的實踐；輪迴則是佛教對生命形態的認知。整個原始佛教事實上則是植基於人對宇宙的認知——無常與緣起。對佛教教義的認知，吾人必須建立清晰的思路，這思路就是本文強調的：

目標：尋求人生的解脫。

方法：認知宇宙——認知人生——修行得自在解脫。

一切現象都是無常，事物生成都是緣起。人生的一切並無法脫離這些宇宙運行的規則，所以人生也是無常，也是緣起。人的痛苦則是來自於不能正確認知這些無法改變的現象，執著於常、執著於有，這種執著違背了宇宙的規律，所以是無法實現的、是痛苦的。每個人都有所愛，但別離卻無法避免，所以帶來痛苦；相聚也是緣，但卻偏偏也會與憎恨的人相聚，所以帶來痛苦。正如中國人常說的「人生不如意十常八九」，希望一切如意便是一種欲望、執著，更是對宇宙規律的顛倒想，這便是痛苦的來源。

解脫的真義

要如何方能解脫呢？解脫又是什麼？常人直覺地認為解脫就是解脫煩惱、解脫痛苦。這樣的解脫觀是不足的，是偏限的。看看過去相關經注對解脫的定義：

注維摩經：縱任無礙，塵累不能拘，解脫也。

華嚴大疏：言解脫者，謂作用自在。

傳心法要：前際無去，今際無住，後際無來。安然端坐，任運不拘，方名解脫。

頓悟入道要門論：唯有頓悟一門，即得解脫也。云何頓悟？答：頓者，頓除妄念；悟者，悟無所得。

解脫又名涅槃。從前面兩種說法觀察，解脫就是無限的自在，身與心都毫無拘束才是眞解脫！身心要如何才能毫無拘束？這便是第三個解釋：「前際無去，今際無住，後際無來。」這三種認知完全與我們的經驗、所見的現象相反。在人們的經驗中，前際當然已去，今際當然是住留，後際必然是要來。表面上看，似乎違反常理，但如果能以眞實智慧體悟，對逝去者不懷念，對現存者不執著，對將臨者不追求，這便是心無掛礙，便是自在解脫。禪宗所謂去除妄念、無所得，也就是去除對現象的執著。歸結起來，便是了悟「空」的眞義。

《頓悟入道要門論》中，說明頓是「頓除妄念」，常常會被理解爲剎時覺悟，並以此與漸作分別。但筆者以爲這是不充足的，而且經常誤導讀者。「頓」有豁然開朗之意，豁然開朗是全面性的，非片面性的。對眞理的覺悟不是片面的，因爲眞理具有不可分割性，開悟不能是某部份開悟，某部份尚在迷失中。同樣地，煩惱的纏縛也不能分割，因而自在解脫也應是全面的解脫，不是部份解脫，所以才說是「自在」解脫。

人到底受了什麼拘束？抽煙的人煙癮犯了便是一種拘束；戀愛的人心有所思，這也是拘束。人的七情六慾都是對人的一種拘束。但眞正產生拘束的，還不在這些外相的拘束，而是每個人都有的自我意識。人在無形中肯定「我」的存在，因「我」的存在，所以有七情六慾的存在。破除「我」，便是一切不執著的基礎，所以有三法印「諸行無常、諸法無我、涅槃寂靜。」作爲佛教認知眞理的最高原則。人因爲自我意識而追求自我的解脫，解脫的對象也是這自我意識，所以「煩惱即菩提，涅槃即生死。」學佛就是在學習以這「自我意識」與宇宙眞理相契合。

「我」究竟是什麼？

要用佛教的觀點回答這個問題，首先要回到印度文化的基調。佛教產生於印度，雖然佛陀因爲反對婆羅門教，所以才自悟成佛，創立佛教，但佛教本身的許多理論卻是植根在印度文化（婆羅門文化）中。

「我」的梵文原意是指呼吸、氣息(Atman)，後來被引伸爲自我、靈魂、我，它的主要含義，應該就是生命。在佛陀的觀念裏，生命是五蘊集合而成，五蘊便是《心經》中所說的色、受、想、行、識。依據緣起法，五蘊和合產生生命，五蘊散去，生命便要消逝。其中「色」是物質的條件，眼睛能見；「受、想、行、識」是感知與精神的條件。「我」生成的條件便是五蘊和合的緣起法。因爲是緣起，所以是無自性；無自性就是空。

談到這裡，又必須說明佛教對存在如何下定義？前提是什麼？佛學的思維往往與我們常人的思維有所不同，也因此讓人感到佛學的深奧難明。常人以經驗主義思維；佛理則越過了經驗主義。常人以眼見便承認其存在；佛教的存在論，則建立在恆久與不變的前提下，也就是必須具有自性、永恆，才是眞實存在。緣起的存在是虛妄的，不是眞實的存在，凡人以經驗主義所見的現象，都是因緣聚合，所以都是虛妄的。

禪宗有一則著名公案，可藉用說明這類的認知。一位禪師說明他學禪的三個階段：

第一個階段：看山是山，看水是水。

第一個階段：看山不是山，看水不是水。

第三個階段：看山是山，看水是水。

第一階段是所謂凡人，以肉眼所見山是山、水是水，這是依據視覺的經驗所見，很容易理解。

第二階段就是以緣起法、無常思維，超越經驗主義。思維所見，山不是山、水不是水，因爲它們都是四大（地、水、火、風）因緣聚合而有，不具有決定性，因緣散去，也自然消逝，此即是無常。《長阿含經》中記載了佛在涅槃之前，最後告誡弟子的一句話：「一切萬物，無常存著。」就是要弟子們學習佛道時，應該把握的第一要務，即是認知，認知宇宙的無常，一切的存在都只是緣起，依據緣起緣滅的道理，根本沒有永恆存在的現象。

第三段看山依然是山、看水依然是水，則是解脫後，一切任運自然的超脫。山是山、水是水，外在環境對我而言，根本毫無拘束。這也都是慧眼所見，完全寂滅的現象。

三空

原始佛教以無常、緣起作爲人認知宇宙、生命現象的基礎。到了大乘時代，無常與緣起則表現爲「空」的思想。空是實相，也就是「眞實的狀態」。見「有」便是顚倒，也就是與眞理相反、錯誤的見解。當然，見「有」是顚倒，見「無」也是顚倒，有無是相對存在的。因爲「有」的存在，才有相對的「無」，執著於「有」或「無」都是一種偏見。

空不是有，也不是無，究竟是什麼？什麼也不是，因爲空根本無相。具體地說，空是指現象虛幻不實，只是假有、非實有，故空；空的另一個意涵，即指理體的空寂。但佛教本身解釋空並不一致，《大智度論》中甚至有所謂十八空。綜合各種教派的說法，空可歸納分爲三種：我空、法空、空空。這三種空可涵蓋其餘各種的分類方法。

我空也稱作人我空，一般將之歸爲小乘的說法，也就是「無我」，《心經》中的「照見五蘊皆空」，就是無我的思想。小乘的無我思想認爲，因爲五蘊的和合而有我，這個我因於緣起法而有，也因爲緣滅而消滅，非實有，所以是空。

其次是法空，法指現象、事物、意識，法空又名法我空、法無我。大乘解空，除了肯定我空以外，更進一步說明一切現象、事物、意識也是空，這就是法空。《心經》中的「色不異空，空不異色；色即是空，空即是色。受、想、行、識亦復如是。」即是說明法空的現象。無論是具體可見的色（物質現象），或不能以肉眼見的受、想、行、識（感知與精神現象）都是空。由我空進而認知一切現象也是空。

五蘊分而言之是色、受、想、行、識，這五蘊個別存在是「法」，和合之後才是「人」。作這樣的理解，才能了解「我空」與「法空」的不同，但「法空」有時候又會用來特指「意識空」。

龍樹在《中論》的觀因緣品中，開宗明義解說空：

不生亦不滅，不常亦不斷，

不一亦不異，不來亦不去。

這四句便是著名的八不偈，八不偈從根本（空義）否定現象或事物的存在，不像緣起論，以緣起否定眞實存在。爲強化緣起法的重要性，龍樹對緣起法又作了下述的註腳：

眾因緣生法，我說即是空；
亦爲是假名，亦是中道義。
未曾有一法，不從因緣生，
是故一切法，無不是空者。

龍樹直接指明緣起的現象都是空，但人們在認爲緣起的現象是空以後，會不會又轉而認爲有「空」的眞實存在？因此，龍樹又提出說明：

大聖說空法，爲離諸見故；
若復見有空，諸佛所不化。

佛陀說空的目的，就是要眾生離卻各種邪見；如果離開了邪見，卻又執著於空見，這空見也是邪見，此人恐怕連諸佛在世也無法教化。執著於空見的人，比執著於有見的人更難以教化。《往生論》中也提到：

若人見般若，是則爲被縛；

若不見般若，是亦爲被縛。

這便是前面所提的第三種空法——空空的意義。眞理是空，見空的智慧就是般若。但你若是見到了眞理，卻反而執著於眞理，這也是一種執著，執著便是被縛，只是所縛由假有的現象，變爲眞理繫縛著我。佛經中經常引用的「筏喻」，就是在說明這個道理。人在渡過河以後，便應該拋棄船筏，如果執著於船可以渡河，而捨不得丟棄，船筏就是對人的一種繫縛。

眞俗二諦

龍樹從根本破除了一切現象的存在，會不會令人同時生起一切因果業報、輪迴也是空的道理呢？這是空觀受到質疑最多的地方。爲了避免人們因此否定因果業報的現象，龍樹在《中論》的觀四諦品中，作了補充式的說明：

諸佛依二諦，爲眾生說法，
一以世俗諦，二第一義諦。
若人不能知，分別於二諦，

則於深佛法，不知眞實義。

因果業報及輪迴觀，是原始佛教的主要理論與現實的報償系統，破了這些，佛教便不成爲佛教。龍樹對此提出了二諦說，所謂二諦就是兩種眞理：世俗的眞理與超越世俗的眞理。世俗的眞理即指因果業報及輪迴。在現象界中，世人因爲執著於有，而衍生顚倒想，以爲眞有因果業報與輪迴，並因而產生畏懼，進而修福行善。但這些修福行善的福報並不能使人超越生死，仍要流轉於六道，這就是輪迴。作惡者輪迴在地獄、惡鬼、畜生道中，待業盡修福轉生善道。同樣地，行善者轉生於人、天二道，福盡作惡者即可能轉生於惡道。龍樹將這類衆生比喻如富有人家或負債人家，負債的人必須還了欠債以後，才能享受金錢帶來的愉悅與欲望的滿足；富有的人則因豐富的財富，可盡情滿足慾望，在享受慾望之樂以後，財富用盡便不能再享樂了。

第一義諦即眞諦，佛以眞諦教化那些根器銳利的人。因爲他們能夠體悟一切現象都是虛妄、假有，而能不生執著，所以用眞諦教化他們。能了悟眞諦的人便能超越三界的六道輪迴，證得涅槃。但龍樹對修行的人，也相對地提出循序漸進的方法：

若不依俗諦，不得第一義；

不得第一義，則不得涅槃。

了悟世俗眞理是進入眞諦的必經之路，不能依於因果業報行善去惡的人，也是無法悟入眞理的。人無法逃離這世俗的世界，必須在這世俗的世界中，才能證入涅槃，這也就是「煩惱即菩提，生死即涅槃。」的道理。煩惱是證道的因緣，因爲流轉於生死，受生死之苦，才會生起證入涅槃的道心。

從二諦的觀點分析，佛教的理論來自於現實人生，當然也無法脫離人世的法則，這便是倫理與報償。倫理表現在善惡的分別上，如十善業、十惡業，報償表現在輪迴觀上。對於深受中國文化薰陶的中國人，筆者必須對此另加說明。輪迴的報償觀念，表現在印度文化（也就是佛教）上，是個人的、自主的；表現在中國文化上，則是家族的。中國人講「禍遺子孫、福蔭三代」、「積善之家必有餘慶」、「父債子償」這些都是以家族爲中心。印度文化或許因爲不如中國文化重視家庭倫理，所以在輪迴的報償上，表現爲個人的、自主的，例如：

善惡報應，禍福相承，身自當之，無誰代者。（無量壽經）

善惡之報，如影隨形，三世因果，循環不已。（涅槃經）

人身死當復更受一身，譬如兩柱更相燃。（那先比丘經）

第一義諦的生命價值觀

其次是第一義諦（眞諦）。石上玄一郎在《輪迴與轉生》一書中提及：

若根據稍後的《普拉希那》奧義書的說法，只是奉行祭祀與善行便感到滿足的人，會循經月界再返回到這個人世；而信仰苦行與梵行，並藉由專心致力的睿智探求Atman（生命、我）的人——亦即勤修自覺的人，便會循經太陽進入梵界。

在佛教產生之前的奧義書時代，印度文化中實際已存在這種善行與梵行的差別觀。龍樹提出的二諦說，事實上受到印度文化深遠的影響，不是獨創的。修梵行脫離輪迴也不是佛教所獨有的觀念。

印度文化與中國文化顯然對生命的認知，存在著根本的差異。中國人以家族倫理爲中心，人的生命價值必須放在家族群體的生命中才能彰顯其價值，家族的生命與個人的生命是緊繫在一起的。印度文明則彰顯個人生命的獨立性，人的生命透過輪迴而延續，生命的價值也因此不侷限在今生。可能在今生，也可能在來生。但自我的觀念同時給佛教注入了人本主義的價值觀，人本就是以個人爲中心的生命價值觀。

我們必須再拉回來，看看先前所討論的「我」、「我執」的問題。爲什麼？中國人講千古艱難唯一死。生死事大，大到可說是人生的全部。前面我們提到了我空、法空、空空等三空，從生命的觀點觀察，小乘主張的「我空」才是空觀的中心論題，其它的「法空」、「空空」其實都只是衍論而已。正如龍樹的空觀及般若觀空，都必須回歸到緣起法及無常的定律，這些大乘義理才有意義。再者，人若能破除對生命的執著，還有什麼不能破呢？

前文提到「我」的含義，原指氣息，引伸爲生命。石上玄一郎的《輪迴與轉生》中，則是作這樣的解釋：

古印度人似乎也抱持同樣的想法，起先意指呼吸的Atman這個語彙，其後似乎變成與寄宿於人體的靈魂同義，後來再轉化成「我」。

「我」在這段文字的解釋中，似乎已成了一個獨立的自體，寄生在人的身體（五蘊）中。但龍樹則否定「我」的獨立存在。龍樹舉了很多例子說明，譬如：「我」如果是肯定存在的自體，寄宿的身體便不應該會生病；左手與右手同受「我」指揮，便不應該有慣用右手的習慣。因而否定了「我」的自主性，而說是五蘊和合而有。

但無論如何解說這個「我」，如果承認輪迴觀，便很難否定「我」的存在。《法句經》中的生死品以神識取代了「我」，並作如下的說明：

如人一身居，去其故室中；神以形爲廬，形壞神不亡。

這句話將人分成了兩部份：神識、軀體。神識不死，軀體則有壞敗。這種壞敗正如房屋塌了，寄居的神識自然遠離。《法句經》代表早期佛教的思想，龍樹則代表大乘空宗的思想。爲了解決這個問題，後期大乘出現了唯識學派，也就是大乘有宗，主張這種神識便是第八意識，第八意識（阿賴耶識）就是輪迴的主體。但無論如何去劃分靈魂、神識與阿賴耶識的差別，它終究是有。於是在中國出現的《大乘起信論》便又提出「眞如」受薰習的觀點。所謂「薰習」其實就是習氣；就像人們養成的習慣一般。梁啓超先生則把它比喻成泡茶一般，茶壺泡久了，只要沖下開水，不放茶葉，同樣有茶味。

龍樹的觀點，還是比較合乎緣起法的生命觀，生命就是五蘊和合而有，因生命的執著，而有無明，無明就是顚倒妄想。生命並非眞有，卻因顚倒妄想而錯認爲眞有。這種錯誤的認知，本質就是我執。因此，破除我執就是對生命虛妄的正確認知，生命都視爲虛妄，還有什麼不能破除？

談到「我」這個主題，就非得再談三法印中的「諸法無我」，一般總將它理解爲各種事物中都沒有一個眞實的我存在。這是不夠完整的解釋，應該將它理解爲各種事物都不存在一個主體性的自我，也就是無自性，都是因緣聚合而生萬物。不能把這個「我」侷限在自身的我，而不是萬物的自性——存在的基礎。

《華嚴經》中說：「**生死皆由心所作，心若滅則生死盡。**」這就是唯心主義的生命觀。五蘊聚合之後而有的生命、因意識而產生的「我執」，本質上也是唯心的。沒有意識便不會去認知外境，此時外境的存在根本是毫無意義的。唯有智慧能令人勘破生死，此時就是《心經》所說：「心無掛礙，無掛礙故，無有恐怖，遠離顛倒夢想，究竟涅槃。」前文提到禪師看山看水的第三個階段，回歸到看山是山、看水是水的境界時，生死已如山水，都是身外之物，生滅無所掛礙，無掛礙就是不在意，又有什麼恐怖？

三、般若思想

般若的生命價值觀

然而即使了悟生死，《宗鏡錄》卻又提出了另一種境界的觀點：「牛飲水成乳，蛇飲水成毒；智學成菩提，愚學為生死。」智慧的人學佛可以成就菩提道；愚昧的人學佛只是為了了悟生死。只為生死而學佛，充其量不過達到寂滅的「涅槃」。菩提則是積極的智慧，而非消極地看空而已。這智慧，也就是佛學中的所謂般若。也正是本書的主題。我們要從《心經》與《金剛經》中認知積極的智慧，而非消極地看空。

般若的定位

在談到般若之前，為了使讀者對般若學有整體性的認知，清楚定位是不可少的前提。也就是我們必須先了解佛學理論發展的概況，才能在探究般若之時，不至於形成支離破碎的現象。

佛教的發展，從教派或理論，都可約略定位爲小乘—大乘。但實際上卻又不能如此簡略地劃分，教義由原始教義發展至大乘教義之間，曾經出現阿毗達磨學派，最著名的就是說一切有部。說一切有部之後，約在公元紀元前後進入大乘佛教的時代，此時最早出現的便是般若思想，往後陸續出現了中觀思想、唯識思想、如來藏思想、知識論。因此，從佛教理論發展的大方向來看，可列出簡表如后：

小乘時代

原始教義（阿含經）

阿毗達磨學派（大毗婆娑論、俱舍論）

大乘時代

般若思想（大品般若、小品般若、金剛經、心經等）

中觀思想（中論、百論）

唯識思想（解深密經、唯識三十頌）

如來藏思想（涅槃經、勝鬘經、楞伽經）

知識論（集量論）

原始佛教著重於尋求個人的修行與解脫，佛陀滅度以後，才有各種解釋原始教義的論典出現，這是確定佛教義理走向多元化的指標。也就是阿毗達磨學派的出現，開啓佛教理論的多元化。

進入大乘時代以後，教義理論的發展，雖然展現多元的風貌，但這些理論，並不是切割、分裂，而沒有交集的。例如，《俱舍論》的作者世親，同樣是《唯識三十頌》的作者。各種學說同樣圍繞在「空」的觀點，以「空」爲中心，闡論無常與緣起的宇宙觀。佛教不同派別的思想，應該說是圍繞在同一個軸心，而展現不同的特色。

首先興起的般若思想，基本上也是追求佛教的終極目標——解脫。但是小乘時代的理想人格——阿羅漢，到了大乘時代已被菩薩人格所取代，菩薩的人格表現在六種重要修行——六度，解脫不再是個人的事，而是衆生的事，所以要實踐這六種修行：

一、**布施**：財施、法施、無畏施，目的即在培養捨離的精神。

二、**持戒**：以五戒（不殺生、不飲酒、不邪淫、不妄語、不偷盜）爲根本，捨棄物欲、一心清淨。

三、**忍辱**：忍受一切的侮辱與壓迫。

四、**精進**：不斷努力向道，精勤不懈。

五、**禪定**：達到精神集中的狀態（不一定是打坐）。

六、**智慧**：培養了悟眞理的智慧，也就是觀空的智慧。

六度修行除了修持的方法，在內涵上不外慈悲與智慧。基於慈悲，而有菩薩救度衆生的情懷；基於智慧，使衆生今生得度成爲可能。這是大乘菩薩道的兩大支柱與特色。佛教發展至大乘階段，在人生的實踐上，已完全超越了小乘時期的侷限性。**六度修行也總結在智慧的開發，由智慧的開發，實踐人生的終極目標——自在解脫**。

然而智慧是什麼？般若又是什麼？般若的音譯全稱爲般若波羅蜜多，意譯就是智度——指通過智慧到達涅槃彼岸。《大智度論》：「**般若波羅蜜多是諸佛之母，**

諸佛以法爲師，法者即般若波羅蜜多。」般若就是成佛的智慧，是用以觀察諸法實相的智慧。諸法實相即指一切現象與事物的生成都是因緣聚合而成，事物本身不具有自性，所以是空，也就是「緣起性空」。

般若思想在中國

般若思想傳入中國約在東漢末年，當時傳入中國後，與中國的玄學合流，影響及於後代佛教在中國的發展，在當時被稱爲「般若學」，形成當時中國佛教的一支主流，深入士人社會。

當時傳入了哪些般若經典？來自於何處？公元紀元前後，印度佛教已全面進入大乘時代，並向中亞（西域）地區傳播。早期的大乘佛教在理論方面，般若思想取得了主導的地位，並經由中亞（西域）向中國傳播，譯成漢文。最早譯出的可能是《道行般若經》（即小品般若）及《放光般若經》（即大品般若）。到唐代玄奘西行返回長安後，譯出《大般若經》六〇〇卷，這部匯編型的佛經共包括十六部經，《心經》《金剛經》即在其中，可謂集般若經典的大成。但這些經典因爲卷帙浩繁，沒有在中國大肆流行。反而是闡述般若基本思想的《金剛經》在姚秦鳩摩羅什譯出時，即在中國流行至今，成爲天台宗、三論宗、禪宗主要依據的經典。《金剛經》由於傳襲自小乘末期，它的體例與早期佛教經典的體例相同，內容則與說一切有部的經典一樣，顯然具有改革的意識。

另一部在般若思想中，流傳中國最廣的經典，便是漢譯佛經中文字最少的《心經》，《心經》的全名是《般若波羅蜜多心經》。玄奘所譯《大般若經》共四百八十萬字，《心經》只有二百六十字。「心」指綱要、精華，用短短二百六十字指出般若思想的精義。這部經的漢譯本多達十餘種，流傳最廣的是玄奘所譯版本。由於文字簡潔，又流傳許多持誦此經的靈異現象，這部經一直是學佛的人持誦最多的佛經，甚至有人以咒語視之。

學習心經、金剛經的目的——解脫道

綜合前文所述，本文的宗旨即在闡述：

學佛的目的——自在解脫（不僅是解脫）。

解脫道——認識世間的一切都是空（空不是無）。

悟空的智慧——般若。

般若的重要經典——心經、金剛經。

希望這樣的說明，能給讀者在讀經時，心中能牢牢抓住讀經的目的，不致迷惑，並且能抓住讀經的重點。佛經不是知識，而是了悟生命的工具。

小乘的修行觀，除了前文曾經談到的，修行的目的是在尋求自我的解脫，遠離三界的生死輪迴，證得阿羅漢果位。另一個觀點，便是修行必須累劫（長期）才能證得果位，有可能是數次或百次輪迴才能達到。今生得道幾乎是不可能的。大乘則否定了這種觀點，認爲今生修成正果是可能的。大乘的修行法，基本上又可分爲兩種，一種是自力，一種是他力。在中國的佛教宗派中，淨土宗代表他力，禪宗則代表自力。

淨土宗的解脫道

淨土宗以「念佛往生」爲修行的方法與目標。藉著念佛的專心致念，與佛相應，死後由佛（中國人強調的是阿彌陀佛）接引，往生西方淨土世界。念佛的法門有五種：禮拜門、贊嘆門、作願門、觀察門、迴向門。五念門的修行，其實與禪宗、天台宗的止觀法門沒有實質的不同，只是各有重點與特色。淨土的主要特色是：

一、**藉他力脫離輪迴**。阿彌陀佛在人死亡後，將之接引往生西方淨土，隨個人在世行為的品位不同，在淨土世界中有不同的待遇，但絕不再入輪迴。個人雖有念佛的功德，但是要往生西方，仍要依賴阿彌陀佛的接引。

二、**今生不得解脫**。阿彌陀佛是在人死後方來接引，今生之苦，命中註定，無法超越。這種思想是依賴佛的救贖，而且肯定今生無法獲得救贖。從人的心理層面探討，今生受苦而無奈的人，很容易便接受這種信仰。因為他們無力改變現實社會加諸己身的痛苦，只有期待死後有另一個世界，補償今生所受。

禪宗的解脫道

禪宗雖然溶入了部份中國玄學的思想，但仍是以般若思想為主。唐中葉以後禪宗分爲南北二宗，但都沒有離開智慧解脫的本質，因而恰好形成與淨土宗相反的特色：

一、自力解脫。以般若認識空，了悟自性，不依賴佛的救贖。無論頓悟或漸悟，都是依靠自己的智慧，走上唯心的解脫道路。

二、追求今生解脫。禪宗所謂的「悟」，其實就是了悟「空」的眞義，本質上也就是斷除生生不息的源頭──無明。南泉普願禪師去世後，有僧人問景岑禪師，他的師父（普願）去了哪裏？景岑回答：「東家作驢，西家作馬。」景岑完全不執著於生命、輪迴的有無，這便是空。破除對生命的執著，還有什麼可以執著？唯心的解脫只在一念之間，今生就可達到。

般若之空否定了輪迴嗎？

前文談到龍樹以眞俗二諦的理論，圓融業道輪迴的思想與般若空觀的思想，以鈍根與利根作區別，肯定兩者的價值。但是不是肯定般若空觀，便可以完全棄絕業道思想，甚至認爲作惡亦是空？禪宗有一則著名的公案──野狐禪，可作爲說明：

百丈禪師每次升堂講法，總有一位老人坐於堂後，講法完畢後，老人每次都遲遲方始離去。有一次百丈禪師終於問起老人究竟有什麼事？

老人便回答：「我是野狐的化身，只因爲自己以前身爲人身修行時，有位學人來問：『大修行人還會落於因果嗎？』我回答他：『不落因果。』因而落得五百世爲野狐身，請和尙慈悲，爲我脫去這身野狐身。」

百丈禪師回答：「不昧因果。」老人立時便悟，脫去了野狐身。

老人所說的「不落因果」，就是以爲透過修行，就可以不受善惡業的輪迴報應影響，因此而受報成爲野狐身。可知修行人還是必須以俗世的善行爲基礎，仍要受到因果報應的鐵律影響。

一字之差卻是完全不同的觀念。業報輪迴是永恆不變的，這是佛教所強調的善惡罪福報應，是俗世的標準。般若思想所強調的是「不昧因果」，不要被因果所迷惑，而有所執著。執著於生命、愛慾，簡單地說就是佔有、我所有，這些就是生命中最大的痛苦來源。但空也不是無，不是縱慾，而是更積極的生命觀。人間淨土的實現，正是建立在空觀的無所執著上面。六度修持——布施、持戒、忍辱、精進、禪定，雖說最後都是匯歸於智慧的開發，但整個過程就是要藉由修持破除我執，由破除我執追求「我」——生命的最高價值。破除了我執，才能認識到眾生平等的道理。基於眾生平等，才能建立大乘慈悲的胸懷，實踐菩薩道。

《往生論》：

若人見般若，
是則為被縛；
若不見般若，
是亦為被縛。

沒有般若的智慧，人生必然要被煩惱繫縛；如果執著於般若，同樣是一種執著，拋不開煩惱。

生命的誕生，不是生命的開始，而是生命步向死亡的起程！不怕生命中的苦難，只怕沒有智慧光明陪伴。

四、小結

總結本文的重點，佛教的基本教義可分為兩大類：

一、**業道輪迴思想**：即所謂善惡報應。人在生命的過程中，一切作為都要受善惡之行的牽引，在六道中輪迴。善者來世生在人、天二道，享受福報；惡者入於地獄、惡鬼、畜生道，接受應得的報應。此即世俗的標準。

二、**解脫道**：基本上又可分為自力與他力兩種解脫方法，解脫就是脫離輪迴。他力解脫就是依於佛的力量，念佛往生西方。自力解脫則有小乘的阿羅漢思想與大乘的般若思想。大乘的般若思想雖然又發展出唯識系統與佛性論，但基本上仍是以般若空觀為基礎，理論上並沒有脫離般若法門。

本文不厭其繁地說明般若思想在佛學思想中所佔的位置，就是希望讀者在閱讀這兩本般若思想的重要典籍之前，能清晰地了解般若思想的地位與功能，才不致在浩瀚的佛經中，迷失了方向，降低讀經的功效。

但所有的認知，最後都要落在實踐上，實踐就是修行，就是在日常生活中實踐，開發自性不是枯坐式的打坐才叫修行。讀經除了增加知識、開發智慧，當然也是修行的一種方法，但終究要落實在日常生活中，開發自性，才是圓滿。六祖慧能在《壇經》中，明白地指出：

世人終日口念般若，不識自性般若，猶如說食不絕。口但說空，萬劫不得見性，終無有益。

心　經

觀自在菩薩

一、經文直譯

原譯

觀自在菩薩行深般若波羅蜜多時，照見五蘊皆空，度一切苦厄。

舍利子！色不異空，空不異色；色即是空，空即是色。受、想、行、識亦復如是。

舍利子！是諸法空相，不生不滅，不垢不淨，不增不

今譯

觀自在菩薩修行般若解脫法門，達到功德圓滿時，透徹了悟五蘊皆空，超越一切苦厄，不受煩惱纏縛。

舍利弗啊！表象的色與空的本質沒有不同，空的本質與表象的色沒有不同；色本來就是空，空本來就是色。除了色以外，五蘊中的受、想、行、識也是一樣。

舍利弗啊！世上各種現象的本質就是空，一切現象的空相，從本質上觀察，本來就是不生，

滅。是故空中無色，無受、想、行、識；無眼、耳、鼻、舌、身、意；無色、聲、香、味、觸、法；無眼界，乃至無意識界；無無明，亦無無明盡；乃至無老死，亦無老死盡；無苦、集、滅、道；無智，亦無得。

以無所得故，菩提薩埵依

因爲未曾生成，也就沒有斷滅；本來就沒有染垢，也就沒有相對的清淨；不會有所增益，也沒有任何減損。因而在諸法皆空的本質中，根本不存在色，也不存在受、想、行、識；沒有眼、耳、鼻、舌、身、意這些能知的根器；沒有色、聲、香、味、觸、法這些能知的對象；沒有上述的眼等六根、色等六境，以及六根與六境和合產生的六識認知功能；沒有生起煩惱的無明，相對地也沒有滅除無明的菩提；甚至沒有生、老死，相對地也沒有滅除生、老死的涅槃道果；世間不存在苦，也沒有苦因，沒有滅苦的事，更沒有滅苦的方法；沒有般若智慧，當然也沒有修行般若所證得的道果。

因爲能了悟般若智慧沒有道果可得，菩薩依

般若波羅蜜多故，心無掛礙。無掛礙故，無有恐怖；遠離顛倒夢想，究竟涅槃。

三世諸佛依般若波羅蜜多故，得阿耨多羅三藐三菩提。故知般若波羅蜜多，是大神咒，是大明咒，是無上咒，是無等等咒。能除一切苦，眞實不虛，故說般若波羅蜜多咒。

即說咒曰：

揭諦、揭諦，

波羅揭諦，

波羅僧揭諦，

於般若法門修行，能夠使心意無所牽掛與阻礙。因爲心意無所牽掛，對於生死便沒有任何恐懼；因而能遠離對世間虛妄顚倒的幻想，證得最終的涅槃道果。

過去、現在、未來的十方諸佛依於這般若法門，才能證得無上正等正覺的佛果。因而證明這般若法門，就是神妙的眞言，是光明無礙的眞言，是無上的眞言，是無與倫比的眞言。這眞言能盡除一切的苦厄，眞實而不虛假，因而要宣說這般若法門的眞言。

這眞言便是：

揭諦、揭諦，

波羅揭諦，

波羅僧揭諦，

菩提薩婆訶！

菩提薩婆訶！

二、要義解說

總攝般若

《般若波羅蜜多心經》，從經名直解，就是以般若（智慧），觀諸法實相，到達解脫彼岸的般若法門總綱要。關於般若法門在佛教義理中所佔的地位，前文已述及，此處不再另作解說。

此經爲般若經典的綱要，一般簡稱《心經》，心就是綱要、重心之意。此經有多種漢譯版本，其中以唐代時玄奘大師所譯流傳最廣，因此，本書也以玄奘所譯版本，譯爲今文。佛教中所謂「經」，意指佛所說，可作爲一切眞理的標準，具有引導的意義。

佛教中有所謂八萬四千法門，指衆生要解脫輪迴，不受一切苦的方法有八萬四千種。這八萬四千種法門，吾人不妨就視之爲多數即可，不須去確認究竟是哪些？

在這眾多法門中，其實可以歸納出兩大類：自力、他力解脫。自力解脫方面，就是以般若為中心。雖然後起的眾多大乘解脫道，各有其重點，但都不離觀空的般若之智。

早期的佛經，一直遵守著敘事的法則，將佛經分為三段：因緣分、正宗分、流通分。《心經》則略過因緣分，直入於正宗分。但這段說經的因緣，還是必須在此闡述。此經緣於舍利弗向觀世音菩薩提問，要如何修持般若法門？觀世音因而對舍利弗作了說明。

真俗二諦

佛教對我們所生存世界，作了根本的認知與說明。宇宙中有所謂的世俗世界與真實世界，這世俗世界受到業力與輪迴的法則影響、支配，所以有生命現象，有苦與樂，眾生也因此而輪迴在六道生死中。人們今生所作善惡業，都將在死後受報。但這善業只能使眾生入於善道，並不能因而脫離輪迴，進入真實的世界。要脫離永世輪迴，只有透過梵行（修行），才能獲得解脫。般若法門就是尋求解脫的修行法門。

世俗世界是虛妄不實的，起源於無明的作用。般若觀空就是要透過人們對眞實世界的觀察，了悟一切皆空的道理。如果能正確認知一切皆空，便不會對這虛妄的世俗世界起分別、虛妄之念，也就能破除無明，回歸到「諸法實相」中，這便是般若思想的大綱、要義。

超越經驗

爲了能正確認知這個世界的眞實相，幾個問題是吾人必須解答的：

一、什麼是空？

二、什麼是「諸法實相」（宇宙的眞實現象）？

三、什麼是虛妄不實的世界？

針對《心經》的內容，也有幾個關鍵問題必須解答：

一、色不異空，空不異色；色即是空，空即是色。

二、爲什麼「照見五蘊皆空」，就能度一切苦厄？

三、爲什麼說無無明、無老死、無苦集滅道，無智亦無得？

四、如何由認知眞理，進入修習般若智慧？

這七個問題，其實就是《心經》所要闡釋的要點，也是整個般若法門的重要義理。首先要談的是《心經》的目的，玄奘將觀世音譯爲觀自在，除了避諱之外，另有其目的，這目的就是在彰顯「自在」二字。「自在」正是修習《心經》的最大目標與功能，「自在」的另一層意義就是解脫。

自《心經》譯成，流傳以來，修習者往往把成效放在與觀音相互感應上，認爲透過誦經文或持咒就能與觀音感應，度一切苦厄，這種修習法，充其量只能說是「觀音法門」，效果是有限的。《心經》應該是自力感應的「般若法門」，般若法門就是「觀空」的智慧。

空的眞義

「空」又是什麼？前文將「空」分爲三大類：我空、法空、空空。我空是根本，也是空的中心議題，但只有透徹了悟「空空」的眞理，才能達到了悟一切皆空的道理。《心經》全文二百六十字，卻用了「色不異空，空不異色；色即是空，空即是色。」十六個字來形容空、解釋空。之後卻又說：「空中無色」。龍樹則以「不生亦不滅，不常亦不斷，不一亦不異，不來亦不去。」說明空的內涵。簡單地說，這些不同的解釋，都涵蓋在一個思路裡：希望以空破除有，但也不是無，更沒有空的存在。

我們常常喜歡以二分法思考——非有即是無，非無即是有。這種思考方式是永遠無法領悟佛法的，龍樹的八不偈就是要人們不能以這種方式思維，**僧肇在《肇論》中直指要認識眞正的「空」，就是要直悟「非色敗空」**。用白話說，如果你認識「空」的方法，是看到「色」（現象）敗壞了、不存在了，才看到「空」，那麼你看到的還不是眞正的空。你看到的只是現象敗壞的「緣滅」、「色空」，不是諸法實相的空。

要了解《心經》所謂「色不異空，空不異色；色即是空，空即是色。」的道理，必須從本質上著手，因爲「諸法實相」本來就是在說明「現象的本質」。從外在現象上看，空是沒有現象存在的，色則純然是現象，所以空是無相。但我們要看到本質，必須透過現象，才有途徑可以看到本質，也就是「諸法實相」。當你看到本質時，也就是「空中無色」。

般若空觀以「緣起性空」作爲理論的基礎。所謂「緣起」，就是認爲我們肉眼所見的世界，都是因緣聚合而有，因緣散去，一切便也消逝無蹤。所謂「性空」，即指現象的本質都是空。這中間最重要的當然是生命，因爲生命是一切意識的根本，意識是認知的來源。意識指使我們去認知這個世界，使我們有愛恨，因有愛恨而有作爲，這愛恨與作爲是一切苦樂的根源。

緣起性空的理論，來自原始佛教中的「無常」與「因緣」觀。「無常」指世間的一切現象都是虛幻的，這虛幻不實的現象，立論在一個前提之上，即世間沒有一種現象或事物是永恆不變的，也就是沒有「自性」，因爲是變動的，所以是虛幻不實的。深究這無常的現象，就是因緣聚合而有，但凡人因肉眼所見，憑著經驗而說有。因爲見有而起執著心，因執著、佔有之心，而生種種苦與樂。破除這苦樂、執著的心，就是尋求解脫之道。如何破除呢？正是要以智慧認知「緣起性空」的眞理，才能見到空，見空則不起執著心。這便是「照見五蘊皆空，度一切苦厄」的道理。用這「照」字，就是要人們徹底了悟「空」的眞實現象；用這「五蘊」，因五蘊就是生命全體的顯現，能看透生命的不實，不執著生命，自然沒有任何痛苦。

但是當吾人從現象著手，能以各種思慮逐一看到現象的空，是否能轉爲直悟的空呢？首先就要拋棄所有的文字印象。這便是《心經》要吾人將「色」與「空」視爲一物的關鍵。如果吾人仍舊存有文字的障礙，再多的「不異」、「即是」也無法突破這層文字障，因爲「色」與「空」在文字語言上終究無法等同。**如果吾人的思慮與文字或語言無法剝離，將永遠存在「色」與「空」的分別相，無法起到等物的**念頭，這正是佛經中經常強調的觀念，所以僧肇要學人注意到「非色敗空」的眞義。思慮、知識的極限，必須要用「悟」來超越，才能進入佛法的境界。

無所執著

其次，《心經》的第二個重心就是在「無所得」。因爲是無所得，所以才能「心無掛礙、無有恐怖」，這是涅槃的根本要件。當你見到「諸法實相」空的本質，如果反而執著在有般若智慧，正是《往生論》中所說：「若人見般若，是則爲被縛。」在空的實相中，一切存在都是虛幻的，所以《心經》再次強調「無無明，亦無無明盡，乃至無老死，亦無老死盡；無苦、集、滅、道；無智，亦無得。」

一般在解釋「無無明，亦無無明盡；乃至無老死，亦無老死盡。」時，認為這是否定「緣覺法」，因為緣覺法就是觀無明至老死的十二因緣，而證得的法果。在解釋「無苦集滅道」時，則認為是否定「聲聞法」，因為四諦（苦集滅道）正是佛所說的「聲聞法」。作這樣的解說，似乎是不恰當的，因為如此解釋，容易形成片段式的解釋。比如經文前面還有一段「無眼耳鼻舌身意」、「無色聲香味觸法，無眼界，乃至無意識界。」

經文從「是故空中無色」直到「無智、無所得。」其實只是在詮釋，在第一義諦——空的實相之下，根本就是無我、無境界、現象，人的意識也是虛妄不實的，所以歸結到最後，連般若法門在空義之下也是不存在，這才是無智、無所得的精義。硬是去作切割、片段的解釋，反而使讀者容易迷惑。**總的說**，**說有**，**是就現象觀察所得**；**說無**，**是就本質觀察所得**。從這樣的思路去思考，才能了悟為什麼佛法也是空？依此也才能了解為什麼佛經中，總是要將佛法比喻為船筏，在人們到達彼岸後，就應該丟棄，因為佛法也是空。如果只是單純地去否定聲聞法與緣覺法，那麼「無智，亦無得」也是否定般若法門，這將是歪曲了《心經》闡釋空義的原委。

空觀的實踐

依於空義，見到實相的本質是空，心中自然無所掛礙，心中沒有掛礙，又哪來的恐怖？這才是自在解脫，也就是究竟涅槃。**般若法門就是這種內心自在，可以在現世中，依於智慧解脫的法門。**但認知不等於實踐，知識不等於了悟，所以在實踐上，仍要依靠修行。因而有持咒作爲修行的方法，這方法便是《心經》最後所說的「般若波羅蜜多咒」：

揭諦、揭諦，

波羅揭諦，

波羅僧揭諦，

菩提薩婆訶！

這段眞言的個別解說，請見「心經名相解說」第十五條，此處不再重覆。眞言的總義，就是希望人們能依經文所說實踐（修行），才能獲得此經的功德，自在解脫。但更重要的是眞言中的另一層意義，是要人們依序修行，由二乘入大乘，再由大乘入於佛智，才是功德圓滿。

佛教蛻變自婆羅門教與印度文化，在佛教誕生之前，印度人本來就存在「梵行」的觀念。所謂梵行，簡單地說，就是透過修行達到梵我合一的境界。佛陀的出家修行，目的即是在修「梵行」。當時的修行法，主要的有苦行與禪定，直到今天的印度教中仍保留這些修行法，只是更偏重於苦行。佛陀則在苦行六年之後，放棄了苦行，認爲只有開發智慧，才能達到梵我合一的境界。

佛教的修行法，除了學習教義，在實踐方面，各門各派有其特殊的方法，歸納起來，則不外「止觀」。止觀的另一種說法就是「定慧」。在教義中雖有「戒定慧」三學，但持戒的目的也不外在強化定與慧。在六度（布施、持戒、忍辱、精進、禪定、智慧）中，同樣是藉著布施、持戒、忍辱深化禪定，再由禪定、精進開發智慧。

所謂「止」就是「定」，意指專心致志，或定於一。透過禪定的專心，才能觀照，才能開發智慧。透過智慧才能了悟「諸法實相」。持咒的目的就是希望透過持咒，集中修行人的注意力在觀照智慧上。除了《心經》之外，其它的咒語雖然在形式、內容上有所不同，但目的還是一樣的。正如淨土宗，雖然強調五念佛法門，但也不外希望念佛者的身行與心行，都能專注一心，才能觀想清淨佛身與清淨世界。因此，在《觀無量壽經》中，也才有十六觀的方法，觀想各種往生的現象。只是淨土宗越到後來越走向「稱名念佛」的法門。到了佛教現代化的今天，不管教內、教外都逐漸走向「禪淨合一」，漸有合流的趨勢。

雖然在文獻上或各種傳言中，持咒能帶來與佛菩薩相應的記載與傳言，從來未曾中斷。但對一個學佛者而言，不宜也不必以此為目標，或企圖獲得與佛相應。一方面感應是因緣所成；另方面，這樣的執取可能反而成為另一種負擔，形成學佛的障礙。對佛經中的咒語，不妨當成是入定的方法，反而更自在些。

人的心念有如萬馬奔騰，境隨心轉，連睡眠的狀態，都有心念形成的夢境，不藉助持咒、禪定、念佛等助力，如何能使人專心一志呢？

四、名相解說

1. **觀自在菩薩**：西方三聖之一。據《無量壽經》，西方三聖爲阿彌陀佛、觀世音菩薩、大勢至菩薩。傳說過去有位世饒王，後入佛門爲法藏比丘，發下宏願，願成就西方淨土。法藏成就阿彌陀佛淨土世界後，他的兩位王子也分別修得菩薩道，就是觀世音與大勢至菩薩，分別代表慈悲與智慧。觀世音菩薩能尋聲救苦，所以稱爲觀世音，唐時因避李世民諱，才稱爲觀自在，簡稱觀音。

   觀音菩薩爲中國四大菩薩之一，道場在今浙江普陀山。在中國無論民間信仰或佛教，觀音信仰都是主流。觀音原爲男身，唐以後因塑像強調其慈悲，逐漸女身化，到今天則皆以女身出現。

2. **般若波羅蜜多**：般若即智慧，波羅蜜多就是到達彼岸，合而言之，就是以智慧觀察而到達解脫彼岸。佛教認爲這種智慧不是一般世人的智慧，而是成佛必須具備的智慧。譬如凡人以肉眼所見爲實有，也就是凡人無法脫離經驗主義，堅持眼所見爲實，因而受到矇蔽。般若之智則認爲觀察事物的實相（諸法實相），必須由本質去認知「緣起性空」的眞實義。一切事物都是緣起而有，是虛幻不實的。因爲事物不具有自性，所以不是實有。能如此觀察，便是眞實智慧。此種智慧的發揚，便是僧肇所說：「智有窮幽之鑒，而無知焉；神有應會之用，而無慮焉。」

3. **五蘊**：又稱五陰、五衆，蘊是指積聚、類別的意思，因此五蘊即指五種有爲法的聚合。五種有爲法即色、受、想、行、識。色是指一切物質的現象；受、想、行、識則是包含一切感知與心理的精神現象。五蘊指涉的意義，不僅是「無我」，更直接地說是「非我」——從本質上否定「我」的自主性。

五蘊皆空含有兩層意義：

一、**五蘊和合是空**。因爲五蘊所成的五陰身（人），是因緣和合而成，不能恆常存在，所以是空。此即小乘所講的我空（人我空）。

二、**分別五蘊是空**。構成五蘊的色、受、想、行、識本身也是空。此即法空（一切現象皆空），也就是《心經》所講的色即是空，空即是色；色不異空，空不異色。

4. **舍利子**：即舍利弗，為佛的十大弟子之一，號稱智慧第一。《心經》就是舍利弗向觀世音菩薩提問如何修持般若法門，觀世音給舍利弗的答案。

5. **諸法空相**：諸法泛指世間的一切現象與事物，包括物質與精神現象。空相指一切現象與事物的實相，也就是本體都是空。此處的諸法空相指一切現象都是畢竟空、無所有。諸法實相在佛教不同的宗派中各有所指，依於般若系統的了解，實相（本體）即是空。

《中論》解釋「空」的實相，最根本的就是八不偈：不生亦不滅、不常亦不斷、不一亦不異、不來亦不去。所以是畢竟空、無所有。

6. **眼**、**耳**、**鼻**、**舌**、**身**、**意**；**色**、**聲**、**香**、**味**、**觸**、**法**：人有六根（器官或功能）而生六境，因對六境的感知產生反映，而有六識：

眼耳鼻舌身意
（六根）
↓
色聲香味觸法
（六境）
↓
眼識 耳識 鼻識 舌識 身識 意識
（六識）

六根、六境、六識三者合稱十八界；六根、六境合稱十二入（處）；加上五蘊，即所謂三門（三科）。這是佛教對人的基本分析，目的即在透過這樣的分析，使人覺悟到「無我」的認知。

7. **無明**：指愚痴、迷惑，在印度文化中，早期的奧義書時代，則是更明確的指出無明就是顛倒。奧義書中認爲梵（大宇宙）、我（小宇宙）合一就是最高的眞理，但人們沒有自覺到我即梵的眞理，而以自我爲中心——這就是顛倒，因而才有各種的苦惱，流轉到生死輪迴之中。

佛教借用了「無明」，以爲輪迴及引起輪迴的煩惱，就是起於無明的作用，因而無明也是一切世俗現象生起的原因。《大乘起信論》：「以一切法本來唯心，實無於念，而有妄心，不覺起念，見諸境界，故說無明。」從對無明的認識基礎，很自然地便要走上唯心論，因爲一切萬物被認知爲存在，即是基於無明的妄念，而起分別心：心生，種種法生；心滅，種種法滅。

無明的根本含義應該是顛倒，妄念與愚痴是顛倒生起的現象，如此認知更符合佛教主張經驗主義的錯誤、般若智慧的正確。

8.**苦、集、滅、道**：即四諦、四聖諦，意指宇宙的四種眞理。四諦是佛教對宇宙人生所作的基本的、價值性的判斷與人生的目標。

苦諦：佛教對宇宙與人生的基本認知，認爲一切皆苦，這苦歸結有八種：生、老、病、死（此爲四苦）及怨憎會苦、愛別離苦、求不得苦、五盛陰苦。八苦其實可用五盛陰苦總括，意指人的五蘊身就是衆苦所集。

集諦：《俱舍論》言：「一切三界煩惱及業皆名集諦。」集有原因、集合之意，也就是因苦的受，進而探求苦的原因爲何，由此而認知到苦來自於煩惱與業。

滅諦：指要滅除產生苦的一切原因，即滅除煩惱與業，使達到涅槃解脫之境——寂滅。

道諦：道就是方法、手段、道路的意思，指斷集（煩惱、業）、證滅的方法，一般指八正道。八正道也就是佛教對人格修養與出世修行的具體方法與內容：正見、正思、正語、正業、正命、正精進、正念、正定。按此八正道修行，即可由凡入聖，由此岸（迷）到達彼岸（悟），證得涅槃。

9.**無得**：即無所得，但特指證道之後也不執著於道（眞理）的無執著心。茲舉一則禪宗公案說明：

有人問法融禪師：「聖人應當斷除什麼法？應當得什麼法？如此才能稱爲聖人？」

法融回答：「一法也不斷，一法也不得，這便是聖人。」

這人又問：「既是不斷不得，這與凡人有什麼不同？」

法融：「有差別。因爲一切凡夫都有所斷除，也以虛妄心計量所得。眞正的聖人心，本來就是無所斷也無所得，因此才說有差別。」

表面上看，禪的意思似乎與道家的無爲雷同，其實本質上是完全不同的。禪的不斷不得，指的是斷除、證得之後要保持無執著的心，不要老是執著在自己已得道的心境，因爲執著就是一種負擔、苦惱。此處的無智、無得正是指在得道之後，不要執取在有智、有得的境界上，如此反使自己增了一項負擔。

10.**顚倒**：指對宇宙人生錯誤的認知，而生起的妄想（顚倒想）。此處應是特指四顚倒。凡夫因爲妄念，對宇宙人生存有常、樂、我、淨的觀念，但實際上卻是無常、苦、無我、不淨。簡單地說，這個現象界的宇宙人生，根本不是「我」所能主導，「我」也不是常存的自體。人就是因爲有這些妄想，才會帶來無盡的煩惱與痛苦。

11. **涅槃**：意譯就是寂滅、無爲，指佛教修行的最高理想。涅槃的狀態就是斷除了一切煩惱與生死，但絕對不是世俗的死亡，因爲死亡對佛教而言，是另一個生命的開展。小乘的涅槃指「灰身滅智，捐形絕慮。」這是完全寂滅的現象，比死亡更徹底，因爲沒有另一個生命的開展。大乘對涅槃則有較多的解釋：

《中論》：龍樹的中論特別以一品（觀涅槃品）討論：

「無得亦無至，不斷亦不常，不生亦不滅，是說名涅槃。有尚非涅槃，何況於無耶？涅槃無有有，何處當有無？受諸因緣故，輪轉生死中；不受諸因緣，是名爲涅槃。涅槃與世間，無有少分別；世間與涅槃，亦無少分別。」

《大乘義章》則說：

「滅諸煩惱故，滅生死故，名之爲滅；離衆相故，大寂靜故，名之爲滅。」

《大乘起信論》則說：

「以無明滅故，心無有起；以無起故，境界隨滅；以因緣俱滅故，心相皆盡，名得涅槃。」

龍樹以諸法畢竟空的觀點，描述涅槃本體的狀態，因而強調涅槃是不生不滅、不有不無。基於世間的一切也是畢竟空，所以涅槃也是世間。但如果因爲這句話而把凡夫所見虛妄的世間萬象，也等同於寂滅的涅槃，可就大錯特錯了。必須基於畢竟空的認識，才說世間就是涅槃。

《大乘義章》則強調修行人必須從滅除煩惱與生死開始，才能入於涅槃。

《起信論》則是由修行滅除煩惱、生死與心念之後，回歸實相的本體來描述涅槃。

三者從不同角度描述涅槃，但同樣承認兩個原則：涅槃就是諸法實相；涅槃不等於死亡，而是不受外境、不起心念的狀態。這樣的描述使涅槃在今生能得，這是大乘與小乘完全不同的觀點。

12. **三世諸佛**：三世指過去、未來、現在，也就是涵蓋所有時間中的十方世界(空間)的所有佛。

13. **阿耨多羅三藐三菩提**：意譯就是無上正等正覺，舊譯無上正遍知。阿：無；耨多羅：上；三藐：正；三：遍；菩提：知、道。簡言之就是能了知佛教的一切眞理，並且是以諸法實相了知一切事物的智慧。依據《大智度論》所言：「唯佛一人智慧爲阿耨多羅三藐三菩提。」這是佛才擁有的智慧，也是菩薩修行的最高目標。

14. **咒**：音譯爲陀羅尼，意謂總持；分別言之則有能持與能遮。能持指能持守善法，令其不失；能遮指能使惡法不生。依本經之意，是總持之意，《佛地論》言：「於一法中持一切法；於一文中持一切文；於一義中持一切義。攝藏無量之功德，故名無盡藏。」《心經》以二百六十字涵蓋般若經系的思想，正是此意。

咒爲中國本有的文字，代表具有神通的語言或文字，此處藉以表現佛教的眞言或密語。眞言即此言眞實無虛；密語即此言凡夫及二乘不能知。咒並非常人所認知的具有神通的神祕力量，而是修行所持誦的語言，藉此了悟佛所說的眞理，並具有引導禪定之力。

15. **揭諦、揭諦，波羅揭諦，波羅僧揭諦，菩提薩婆訶**：這幾句即是《心經》眞言，難以用漢文直譯，說明如后。

揭諦：揭，意為行、修行、實踐；諦，意為如此、眞理。揭諦就是依此經修行、實踐，就是眞理。

波羅揭諦：波羅意為圓滿、最為殊勝。波羅揭諦即依《心經》修行、實踐，就是最圓滿殊勝的修行法門。

波羅僧揭諦：僧指僧團，原意指和合。波羅僧揭諦即說明《心經》為究竟佛道，如百川歸海，一切法門終究要匯歸於《心經》，《心經》才是佛果究竟。

菩提薩婆訶：菩提即佛智；薩婆訶有五意：成就、吉祥、圓寂、息災增益、無住。意指依《心經》持誦、修行便能證得佛智，進而成就佛道、獲得吉祥、入於涅槃、息卻災厄、自在無拘。

揭諦為二乘（聲聞、緣覺）之行；波羅揭諦為大乘之行；波羅僧揭諦為究竟佛果。

金剛經

金剛薩埵菩薩

一、經文直譯

原譯

如是我聞。

一時．佛在舍衛國祇樹給孤獨園，與大比丘眾，千二百五十人俱。爾時，世尊食時，著衣持鉢，入舍衛大城乞食。於其城中次第乞已，還至本處。飯食訖，收衣鉢，洗足已，敷座而坐。

時長老須菩提，在大眾

今譯

我聽到佛是這樣說。

那時，佛與一千二百五十名大比丘住在舍衛國的祇樹給孤獨園。一次，到了吃飯的時候，世尊穿上架裟，拿著鉢具，走進舍衛大城裏去乞食。在城中依次乞食完後，返回居處。吃過飯，收拾好架裟和鉢具，洗了腳，舖好座位坐下來。

此時一位名叫須菩提的長者，正與眾人一道

中。即從座起，偏袒右肩，右膝著地，合掌恭敬。而白佛言：「希有，世尊，如來善護念諸菩薩，善付囑諸菩薩。世尊，善男子、善女人，發阿耨多羅三藐三菩提心。云何應住？云何降伏其心？」

佛言：「善哉，善哉。須菩提，如汝所說，如來善護念諸菩薩，善付囑諸菩薩。汝今諦聽，當爲汝說。善男子、善女人，發阿耨多羅三藐三菩提心，應如是住，如是降伏其心。」

圍繞在世尊周圍。就從座位上站起來，偏袒右肩，右膝著地，合掌恭敬地向世尊行禮。然後，須菩提就對佛說：「這眞是難得啊！世尊，如來向來善於護持菩薩們的心念，善於囑咐菩薩們。世尊，世間的善男子和善女人，如果發心追求無上正等正覺，心念要安住於何處？要如何降伏自己的心念？」

佛說：「好呀！好呀！須菩提，就正如你所說的那樣，如來一向就善於護持菩薩們的心念，善於囑咐他們。你現在注意聽，我要爲你們說。善男子和善女人們，如果發心追求無上正等正覺，心念要安住於何處，要如何降伏自己的心念。」

「唯然，世尊。願樂欲聞。」

佛告須菩提：「諸菩薩摩訶薩，應如是降伏其心。所有一切眾生之類，若卵生、若胎生、若濕生、若化生；若有色、若無色；若有想、若無想、若非有想、非無想。我皆令入無餘涅槃，而滅度之。如是滅度無量無數無邊眾生，實無眾生得滅度者。何以故？須菩提，若菩薩有我相、人相、眾生相、壽者相，即非菩薩。」

須菩提答：「是的，世尊，我們都喜歡，也希望聽。」

佛告訴須菩提：「諸位菩薩、大菩薩們，應該像這樣來降伏自己的心念：所有的一切衆生，諸如依卵殼而出生的生命；在母腹中受胎出生的生命；因潮濕而生的生命；無所依託，僅因其業力而成就的生命等等。諸如欲界、色界、無色界；有想、無想、非有想、非無想等等世界的衆生，我都要使他們證入無餘涅槃中，滅除心念與煩惱，獲得解脫。像這樣，雖然滅度了無量、無數、無邊的衆生，但實際上並沒有任何一個衆生得到滅度。這是爲什麼呢？須菩提，如果菩薩在心中還存有自我的相狀、他人的相狀、衆生的相狀、永生不滅的相狀等等一切相，那麼就不是眞

「復次，須菩提，菩薩於法應無所住，行於布施。所謂不住色布施，不住聲、香、味、觸、法布施。須菩提，菩薩應如是布施，不住於相。何以故？若菩薩不住相布施，其福德不可思量。」

「須菩提，於意云何？東方虛空可思量不？」

「不也，世尊。」

「須菩提，南西北方，四維上下虛空，可思量不？」

「不也，世尊。」

正的菩薩。」

「再者，須菩提，菩薩對於一切現象應該無所執著，以無執著心行布施。也就是所謂不執著於色相，而行布施，不執著於聲音、香氣、味道、觸覺、意念等六境，而行布施。須菩提，菩薩應該像這樣行布施，不執著於任何事物的外相。這是什麼緣故呢？如果菩薩能夠不執著於外相來布施，他所獲得的福報就不可思量了。」

「須菩提，你認爲如何？東方的虛空廣大，我們可不可能想像呢？」

須菩提答：「不能，世尊。」

佛陀又說：「須菩提，南、西、北方，這四周和上下的虛空廣大，我們可不可能想像呢？」

須菩提答：「不能，世尊。」

「須菩提，菩薩無住相布施，福德亦復如是，不可思量。須菩提，菩薩但應如所教住。」

「須菩提，於意云何？可以身相見如來不？」

「不也，世尊。不可以身相得見如來。何以故？如來所說身相，即非身相。」

佛告須菩提：「凡所有相，皆是虛妄。若見諸相非相，則見如來。」

須菩提白佛言：「世尊，

佛陀說：「須菩提，菩薩布施時不執著於任何事物的外相，他所獲得的福報也就像十方虛空那般，廣大不可思量。須菩提，菩薩應該按照這樣的教喻來安住自己的心念。」

「須菩提，你認為如何呢？我們能依如來的身體相貌來認識如來的真實本性嗎？」

須菩提答：「不能，世尊。我們不能依如來的身體相貌來認識到如來的真實本性。為什麼呢？因為如來所說的身體相貌，就不是真正的身體相貌，如來的身相是無相的。」

佛告訴須菩提：「所有的相狀，都是虛妄的。如果能認識到所有的相狀都不是真實的相狀，那就是真正地認識到如來本性。」

須菩提對佛說：「世尊，如果將來有一些衆

頗有眾生，得聞如是言說章句，生實信不？」

佛告須菩提：「莫作是說。如來滅後，後五百歲有持戒修福者，於此章句能生信心，以此為實。當知是人，不於一佛二佛三四五佛，而種善根。已於無量千萬佛所，種諸善根。聞是章句，乃至一念生淨信者。須菩提，如來悉知悉見，是諸眾生得如是無量福德。何以故？是諸眾生無復我相、人相、眾生相、壽者相，無法相、亦無非法相。何以

生，有機會聽到這些言語章句，真能生出信心嗎？」

佛告訴須菩提：「不要有這樣的想法。在如來入滅後，像法時期的後五百年，假使有持守戒律、修習福德的人，從這些章句中能產生信心，並以此為真實。應當知道，這些人不只是在一佛、二佛、三佛、四佛、五佛處種下了善根。而是已經在無數無量、千千萬萬佛住世時，種下了諸多的善根。他們一聽到這些章句，甚至在一念之間都能產生純淨的信心。須菩提，如來完全確知、確見，這些眾生將會得到不可思量的福報和功德。為什麼呢？因為這些眾生已不再有自我的相狀、他人的相狀、眾生的相狀、永生不滅的相狀，沒有現象的相狀，也不存在沒有現象的相

故？是諸眾生，若心取相，則著我、人、眾生、壽者。若取法相，即著我人眾生壽者。何以故？若取非法相，即著我、人、眾生、壽者。是故不應取法，不應取非法。以是義故，如來常說汝等比丘，知我說法如筏喻者。法尚應捨，何況非法。」

「須菩提，於意云何？如來得阿耨多羅三藐三菩提耶？如來有所說法耶？」

須菩提言：「如我解佛所

狀。爲什麼呢？因爲這些眾生如果心裏有相，就會執著於我、人、眾生、壽者諸相。如果執著於現象的相狀，就會執著於我、人、眾生、壽者諸相。爲什麼呢？如果執著於沒有現象的相狀，就會執著於我、人、眾生、壽者諸相。所以不應當執著於現象，也不應當執著於沒有現象。因爲這樣的義理，如來經常告訴你們所有的比丘，都應當明白我說的法義，就如乘筏上岸的比喻。在到達彼岸後，佛法尚且還要捨棄，何況佛法之外的事物。」

「須菩提，你認爲如何呢？如來已經得到無上正等正覺了嗎？如來說過什麼法了嗎？」

須菩提說：「依據我對佛所說的道理的理

說義，無有定法名阿耨多羅三藐三菩提，亦無有定法如來可說。何以故？如來所說法，皆不可取、不可說，非法、非非法。所以者何？一切聖賢皆以無爲法而有差別。」

「須菩提，於意云何？若人滿三千大千世界七寶，以用布施，是人所得福德寧爲多不？」

須菩提言：「甚多，世尊。」

「何以故？是福德，即非復福性，是故如來說福德多。

解，沒有什麼肯定存在的法，叫作無上正等正覺。也沒有什麼一定的法，是如來可說的。爲什麼呢？因爲如來所說的法，都沒有具體的相狀可以執取，都不是言詞所能表達。如來所說的法，既不是法也不是非法。這是爲什麼呢？一切聖人賢者都是講無爲法，而與言語表達有所差別。」

佛陀說：「須菩提，你認爲如何呢？如果有人以裝滿三千大千世界的珍寶，拿來布施，這人所得的福報功德是否很多呢？」

須菩提答：「很多，世尊。」

佛陀說：「爲什麼呢？這福德，根本就不是福德的本性，所以如來說福德多。如果再有人，若復有人於此經中受持，乃至四句偈等，爲他人說。其福勝彼。何以故？須菩提，一切諸佛，及諸佛阿耨多羅三藐三菩提法，皆從此經出。須菩提，所謂佛法者，即非佛法。」

「須菩提，於意云何？須陀洹能作是念，我得須陀洹果不？」

須菩提言：「不也，世尊。何以故？須陀洹名爲入流，而無所入。不入色聲香味觸法，是名須陀洹。」

遵循持守這部經，甚至只唸四句的偈，並爲他人解說。那麼，他的福德要比那位布施七寶的人更多。爲什麼呢？須菩提，所有的佛，以及所有佛證得的無上正等正覺大法，都是從這部經中產生。所謂佛法的眞正意思就不是佛法，不要執著於佛法爲有。」

「須菩提，你認爲如何？證得須陀洹果位的人能起這樣的念頭：我得到了須陀洹果位嗎？」

須菩提說：「不可以，世尊。爲什麼呢？須陀洹的意義是入於聖位之流，但眞正的佛法是不執著於所入的。不入於色、聲、香、味、觸、法，只有入無所入，才是眞入，才叫作須陀洹果位。」

「須菩提，於意云何？斯陀含能作是念，我得斯陀含果不？」

須菩提言：「不也，世尊。何以故？斯陀含名一往來，而實無往來，是名斯陀含。」

「須菩提，於意云何？阿那含能作是念，我得阿那含果不？」

須菩提言：「不也，世尊。何以故？阿那含名爲不來，而實無不來，是故名阿那含。」

佛陀說：「須菩提，你認爲如何？證得斯陀含果位的人能起這樣的念頭：我得到了斯陀含果位嗎？」

須菩提說：「不可以，世尊。爲什麼呢？斯陀含的意思是還要往來世間一次。但眞正的佛法是沒有所謂往來，只有認知無往無來，才叫作斯陀含果位。」

佛陀說：「須菩提，你認爲如何呢？證得阿那含果位的人能起這樣的念頭：我得到了阿那含果位嗎？」

須菩提說：「不可以，世尊。爲什麼呢？阿那含的意思是不來。但眞正的佛法是沒有所謂不來。只有認知無來無不再來生世間，才叫作阿那含果位。」

「須菩提，於意云何？阿羅漢能作是念，我得阿羅漢道不？」

須菩提言：「不也，世尊。何以故？實無有法名阿羅漢。世尊，若阿羅漢作是念，我得阿羅漢道，即爲著我人眾生壽者。世尊，佛說我得無諍三昧，人中最爲第一。是第一離欲阿羅漢。我不作是念，我是離欲阿羅漢。世尊，我若作是念，我得阿羅漢道。世尊則不說須菩提是樂阿蘭那行者。以須菩提實無所行，而名須菩

佛陀說：「須菩提，你認爲如何呢？證得阿羅漢果位的人能起這樣的念頭：我得到了阿羅漢果位嗎？」

須菩提說：「不可以，世尊。爲什麼呢？實際上沒有什麼果位叫作阿羅漢果。世尊，如果阿羅漢有這樣的念頭說：我得到了阿羅漢果位，那就是執著於自我的相狀、他人的相狀、眾生的相狀、永生不滅的相狀。世尊，你說我證得了無諍三昧，在弟子中最爲第一，是第一離欲阿羅漢。世尊，我不起這樣的念頭：我是離欲阿羅漢。世尊，我如果起了這樣的念頭，說我得了阿羅漢果位，世尊就不會說須菩提是樂於山林寂居的阿蘭那修行者。因爲須菩提實際上無所作爲，所以才叫須菩提是樂於山林寂居的阿蘭那修行者。」

提是樂阿蘭那行。」

佛告須菩提：「於意云何？如來昔在燃燈佛所，於法有所得不？」

「世尊，如來在燃燈佛所，於法實無所得。」

「須菩提，於意云何？菩薩莊嚴佛土不？」

「不也，世尊。」

「何以故？莊嚴佛土者，則非莊嚴，是名莊嚴。是故，須菩提，諸菩薩摩訶薩，應如是生清淨心。不應住色生心，不應住聲香味觸法生心。應無

佛告訴須菩提：「你認爲如何呢？如來昔日在燃燈佛住世時，有證得什麼佛法嗎？」

須菩提說：「沒有，世尊。如來在燃燈佛住世時，實際上沒有證得什麼佛法。」

佛陀說：「須菩提，你認爲如何呢？菩薩的行爲莊嚴了佛土嗎？」

須菩提答：「沒有，世尊。」

佛陀說：「爲什麼呢？莊嚴佛土的意思就是沒有莊嚴佛土，才叫作莊嚴佛土。所以，須菩提，諸位菩薩大菩薩們，應該像這樣無所執著地產生清淨之心，不應當執著於事物的表相而產生心念，不應當執著於聲、香、味、觸、法而產生

所住，而生其心。」

「須菩提，譬如有人，身如須彌山王，於意云何？是身為大不？」

須菩提言：「甚大，世尊。何以故？佛說非身，是名大身。」

「須菩提，如恒河中所有沙數，如是沙等恒河，於意云何？是諸恒河沙，寧為多不？」

須菩提言：「甚多，世尊。但諸恒河尚多無數，何況

心念，應當不因任何的執著，而產生心念。」

佛陀說：「須菩提，譬如一個人的身體像山中之王須彌山那樣大，你認為如何？這種身體大不大呢？」

須菩提說：「很大，世尊。為什麼呢？因為佛所說的身體就不是真正的身體，真正的身體是沒有相狀的，也就無所謂大小，所以才叫作大身。」

佛陀說：「須菩提，就如恒河的沙一樣，每一粒沙又都是一條恒河，你認為如何呢？這些恒河中的沙數多不多呢？」

須菩提說：「很多，世尊。恒河的數量就多得不可勝數，更何況它們之中的沙數。」

其沙。」

「須菩提，我今實言告汝，若有善男子、善女人，以七寶滿爾所恒河沙數三千大千世界，以用布施，得福多不？」

須菩提言：「甚多，世尊。」

佛告須菩提：「若善男子，善女人，於此經中，乃至受持四句偈等，爲他人說，而此福德，勝前福德。復次，須菩提，隨說是經，乃至四句偈等。當知此處，一切世間天人

佛陀說：「須菩提，我今天告訴你實話，如果有善男子、善女人，以前面所說的恒河沙數的三千大千世界，都裝滿七寶，用來布施，他們所得到的福報多不多呢？」

須菩提說：「很多，世尊。」

佛告訴須菩提：「如果有善男子、善女人，將這部經中，那怕只是受持四句的偈，向他人宣說，他所得到的福報功德要比那布施的人更多。再者，須菩提，如果能隨順衆人所願，隨時隨地講解這部經，甚至只講四句偈。要知道他所講授的地方，一切世間天、人、阿修羅，都應該像供

阿修羅，皆應供養，如佛塔廟。何況有人盡能受持讀誦，須菩提，當知是人，成就最上第一稀有之法。若是經典所在之處，則爲有佛，若尊重弟子。」

爾時，須菩提白佛言：「世尊，當何名此經，我等云何奉持？」

佛告須菩提：「是經名爲金剛般若波羅蜜。以是名字，汝當奉持。所以者何？須菩提，佛說般若波羅蜜，即非般若波羅蜜，是名般若波羅

奉佛塔廟宇一樣地來供奉他。更何況有人能夠完全誦讀、遵循、持守這部經，須菩提，應當知道，這種人將會成就至高無上、第一、稀有的佛法。如果是這部經所在的地方，那便是有佛的地方，要像尊重佛弟子在那裏弘法一般尊重。」

這時，須菩提對佛說：「世尊，應當如何稱呼這部經，我們應當如何遵奉受持？」

佛告訴須菩提：「這部經的名字叫《金剛般若波羅蜜經》。就因這個名字，你們就應當遵奉受持。爲什麼要這樣呢？須菩提，佛說般若波羅蜜，就不是般若波羅蜜，只是假名之爲般若波羅蜜。」

蜜。」

「須菩提，於意云何？如來有所說法不？」

須菩提白佛言：「世尊，如來無所說。」

「須菩提，於意云何？三千大千世界所有微塵，是爲多不？」

須菩提言：「甚多，世尊。」

「須菩提，諸微塵，如來說非微塵，是名微塵。如來說世界非世界，是名世界。」

「須菩提，於意云何？可

「須菩提，你認爲如何呢？如來說過什麼法嗎？」

須菩提告訴佛：「世尊，如來沒有說過什麼法。」

佛陀說：「須菩提，你認爲如何呢？三千大千世界裏所有的微塵數量，是不是很多呢？」

須菩提說：「很多呀，世尊。」

佛陀說：「須菩提，所有的微塵，如來說它不是微塵，所以才名之爲微塵。如來也說世界的眞實相不是世界，所以才名之爲世界。」

「須菩提，你認爲如何呢？可以依三十二種

以三十二相見如來不？」

「不也，世尊。不可以三十二相得見如來。何以故？如來說三十二相，即是非相，是名三十二相。」

「須菩提，若有善男子、善女人，以恒河沙等身命布施。若復有人於此經中，乃至受持四句偈等，為他人說，其福甚多。」

爾時，須菩提聞說是經，深解義趣，涕淚悲泣，而白佛言：「稀有！世尊，佛說如是甚深經典，我從昔來，所得慧

好相來認識眞正的如來嗎？」

須菩提說：「不可以，世尊。不可以依三十二種相狀來認識眞正的如來。爲什麼呢？如來所說的三十二種相狀，並非是如來的眞實相狀，所以才名之爲三十二種相狀。」

佛陀說：「須菩提，如果有善男子、善女人，多生多劫以來，用恒河沙數一樣多的身體和生命來布施。又如果有人遵循持守這部經，那怕只有四句偈，爲他人解說，那他的福報就更多了。」

這時，須菩提聽了佛說的這部經，深切領會解悟了此經的眞諦，不由得涕淚悲泣，告訴佛說：「這眞是稀有的經文啊！世尊，佛解說如此深奧的經典，這是從我過去得慧眼以來，未曾聽

眼，未曾得聞如是之經。世尊，若復有人得聞是經，信心清淨，則生實相。當知是人，成就第一稀有功德。世尊，是實相者，即是非相，是故如來說名實相。世尊，我今得聞如是經典，信解受持，不足爲難。若當來世，後五百歲，其有眾生得聞是經，信解受持，是人則爲第一稀有。何以故？此人無我相、人相、眾生相、壽者相。所以者何？我相即是非相；人相、眾生相、壽者相，即是非相。何以故？離一

到過的經文。世尊，如果再有人聽到這部經，心中清淨而生信心，就會產生對事物實相的理解。應當知道，這人成就了第一稀有的功德。世尊，這種實相沒有相狀可得，所以如來才說是實相。世尊，我今日得以聽到如此的經典，要信奉理解、遵循持守，不是難事。如果在將來，後五百年的像法時期，有衆生能聽到這部經，像我一樣信奉理解、遵循受持，這人就會成就第一、稀有的功德。爲什麼呢？因爲這人沒有自我的相狀、他人的相狀、衆生的相狀、永生不滅的相狀。這是爲什麼呢？我相即不是相；人相、衆生相、壽者相也都不是相。爲什麼呢？衆生能離開所有的相狀即得實相，就叫作佛。」

切諸相，則名諸佛。」

佛告須菩提：「如是，如是。若復有人得聞是經，不驚、不怖、不畏，當知是人甚爲稀有。何以故？須菩提，如來說第一波羅蜜，即非第一波羅蜜，是名第一波羅蜜。須菩提，忍辱波羅蜜，如來說非忍辱波羅蜜。何以故？須菩提，如我昔，爲歌利王割截身體。我於爾時無我相、無人相、無眾生相、無壽者相。何以故？我於往昔節節支解時，若有我相、人相、眾生相、壽者相，

佛告訴須菩提：「就是這樣，就是這樣。如果再有人能聽聞此經，不驚訝、不恐懼、不畏縮，就知道此人是十分稀有了。爲什麼呢？須菩提，如來說的第一波羅蜜，就不是什麼第一波羅蜜，這才是第一波羅蜜。須菩提，像忍辱波羅蜜也是一樣，如來說的也不是有忍辱波羅蜜。爲什麼呢？須菩提，就如我前世，被歌利王割截身體的事情一樣。我在那時也沒有我、人、眾生、永生不滅四相。爲什麼呢？我在過去身體被一節一節地肢解時，如果存有四相，就應該生出怨恨。須菩提，再回想以前，在過去生五百世的時候，我修忍辱仙人，在那個時候，我也是沒有我、人、眾生、永生不滅四相。所以，須菩提，菩薩

應生嗔恨。須菩提，又念過去，於五百世作忍辱仙人，於爾所世，無我相、無人相、無眾生相、無壽者相。是故須菩提，菩薩應離一切相，發阿耨多羅三藐三菩提心。不應住色生心，不應住聲香味觸法生心。應生無所住心。若心有住，則爲非住。是故，佛說菩薩心，不應住色布施。須菩提，菩薩爲利益一切眾生，應如是布施。

「如來說一切諸相，即是非相。又說一切眾生，則非眾

應當離開一切相狀，發求取無上正等正覺的心願。不應當執著於外在表象而生心念，不應當執著於聲音、香氣、味道、觸覺、意識而產生心念。應當具有無所執著的心念。如果心中有所執著，就是不當的執取。所以，佛說菩薩的心不應當執著於事物的現象來布施。須菩提，菩薩是爲了利益一切眾生的緣故才行布施，所以應當以無所執著的心來布施。」

「如來說一切諸相本來是沒有相的。又說一切眾生，本來就不是眾生。」

生。」

「須菩提，如來是眞語者、實語者、如語者、不誑語者、不異語者。」

「須菩提，如來所得法，此法無實無虛。須菩提，若菩薩心住於法，而行布施，如人入暗，則無所見。若菩薩心不住法，而行布施，如人有目，日光明照，見種種色。」

「須菩提，當來之世，若有善男子、善女人，能於此經受持讀誦，則爲如來以佛智慧，悉知是人，悉見是人，皆

「須菩提，如來是講眞話者、講實話者、不離實話者、不說謊言者、不說怪異言論者。」

「須菩提，如來所證得的法，這種法既沒有實也沒有虛。須菩提，如果菩薩的心執著於現象來布施，就像人走進了暗處，什麼也見不到。如果菩薩的心，不執著於現象來布施，就像人有雙目，明亮如日光照耀，可以見到一切外相。」

「須菩提，在未來世中，如果有善男子、善女人，能夠遵循持守誦讀這部經，那麼如來以佛的智慧，可以完全確信這種人，完全能見到這種人，都將成就無量、無邊的功德。」

得成就無量無邊功德。」

「須菩提，若有善男子、善女人，初日分以恒河沙等身布施，中日分復以恒河沙等身布施，後日分亦以恒河沙等身布施，如是無量百千萬億劫，以身布施。若復有人聞此經典，信心不逆，其福勝彼。何況書寫、受持、讀誦，爲人解說。」

「須菩提，以要言之，是經有不可思議、不可稱量、無邊功德。」

「如來爲發大乘者說，爲

「須菩提，如果有善男子、善女人，早上用恒河沙一般多的身家性命來布施；中午，再以恒河沙一般多的身家性命來布施；傍晚，也用恒河沙一般多的身家性命來布施，像這樣經過百千萬億劫的時間，用身家性命來布施。如果再有人，聽到這部經典，能生起信心又不違背，那麼，這種人所得的福報就遠勝於那位布施者。更何況書寫、遵循持守、朗讀誦唸，爲他人解說這部經呢。」

「須菩提，簡而言之，這部經具有不可思議、無法稱量、無邊無際的功德。」

「這部經是如來爲立志發大乘菩提心的人所

發最上乘者說。若有人能受持讀誦，廣爲人說，如來悉知是人，悉見是人，皆得成就不可量、不可稱、無有邊、不可思議功德。如是人等，則爲荷擔如來阿耨多羅三藐三菩提。」

「何以故？須菩提，若樂小法者，著我見、人見、眾生見、壽者見。則於此經不能聽受讀誦，爲人解說。」

「須菩提，在在處處，若有此經，一切世間天、人、阿修羅，所應供養。當知此處，

說，爲立志發最上等菩提心的人所說。如果有人能夠遵循持守、誦讀這部經，並且廣爲他人講解這部經，那麼，如來就完全確信，完全見到這種人，都將得以成就不可量、不可稱、廣大無邊、不可思議的功德。像這樣的一類人等，就是擔當如來家業，傳播正等正覺、無上智慧的人。」

「爲什麼呢？須菩提，如果是只樂於學習小乘法門的人，就會執著於自我的執見、他人的執見、眾生的執見、永生不滅的執見。那麼他們就不會聽受這部經，誦讀這部經，並爲他人解說這部經。」

「須菩提，無論何時何地，只要有這部經的地方，一切世間的天、人、阿修羅都應當誠心供養。應當知道，此經所在的地方，就是佛塔所在

即爲是塔，皆應恭敬作禮圍繞，以諸華香，而散其處。」

「復次，須菩提，善男子、善女人，受持讀誦此經。若爲人輕賤，是人先世罪業，應墮惡道，以今世人輕賤故，先世罪業，則爲消滅。當得阿耨多羅三藐三菩提。」

「須菩提，我念過去無量阿僧祇劫，於燃燈佛前，得值八百四千萬億那由他諸佛，悉皆供養承事，無空過者。若復有人於後末世，能受持讀誦此經，所得功德，於我所供養諸

的地方，都應該像對佛那樣恭敬、供養，環繞行禮，用諸多香花遍撒此地。」

「再者，須菩提，假如有善男子、善女人，遵循、持守、朗讀、誦唸這部經，但他仍受他人輕賤，是因爲他前世所造的罪業，本應墮入惡道，由於現今已經受到世人的輕賤，加以持經的功德，他前世的罪業，就會立即消滅。他應當證得無上正等正覺。」

「須菩提，我回想在過去無量阿僧祇劫時，在燃燈佛住世以前，我得以遇到八百四千萬億那由他的佛，我全部都恭敬地供養承事，沒有忽略過任何一位佛。如果再有人，在將來末法的時候，能夠接受相信、遵循持守、朗讀誦唸這部經，那他們所獲得的功德，拿我供養諸佛所得的

佛功德，百分不及一，千萬億分，乃至算數譬喻，所不能及。」

「須菩提，若善男子、善女人，於後末世，有受持讀誦此經，所得功德，我若具說者，或有人聞，心則狂亂，狐疑不信。」

「須菩提，當知是經義不可思議，果報亦不可思議。」

爾時，須菩提白佛言：「世尊，善男子、善女人，發阿耨多羅三藐三菩提心，云何應住？云何降伏其心？」

功德和他比較，也是不及他的百分之一、千萬億分之一，甚至不是任何數字或比喻所能說明的。」

「須菩提，如果有那善男子、善女人，在將來的末法時期，能夠遵循持守、朗讀誦唸這部經，他們所獲得的功德，我如果一一具體地講，或許有人聽到後，心便狂亂，而產生懷疑，不信此事。」

「須菩提，應當知道這部經的義理是不可思議的，果報也是不可思議的。」

這時，須菩提對佛說：「世尊，善男子、善女人，如果發心追求無上正等正覺，心念要安住於何處？要如何降伏自己的心念？」

佛告須菩提：「善男子、善女人，發阿耨多羅三藐三菩提心者，當生如是心：我應滅度一切眾生，滅度一切眾生已，而無有一眾生實滅度者。何以故？須菩提，若菩薩有我相、人相、眾生相、壽者相，則非菩薩。所以者何？須菩提，實無有法，發阿耨多羅三藐三菩提者。」

「須菩提，於意云何？如來於燃燈佛所，有法得阿耨多羅三藐三菩提不？」

「不也，世尊。如我解佛

佛告訴須菩提：「善男子、善女人，發心追求無上正等正覺，應當懷有這樣的心念：我應當滅除一切眾生的煩惱，救度一切眾生；雖然滅除了一切眾生的煩惱，救度了一切眾生，而實際上並沒有一個眾生的煩惱被我滅除，沒有一個眾生被我救度。爲什麼呢？須菩提，如果菩薩有自我的相狀、他人的相狀、眾生的相狀、永生不滅的相狀，那他就不是菩薩。爲什麼呢？須菩提，因爲實際上並不存在什麼法門，讓善男子、善女人發心追求無上正等正覺。」

「須菩提，你認爲如何呢？如來在燃燈佛那裏，有什麼法門使我得到了無上正等正覺嗎？」

須菩提回答：「沒有，世尊。如果依我對佛

所說義，佛於燃燈佛所，無有法得阿耨多羅三藐三菩提。」

佛言：「如是，如是。須菩提，實無有法，如來得阿耨多羅三藐三菩提。須菩提，若有法如來得阿耨多羅三藐三菩提者，燃燈佛則不與我授記：『汝於來世當得作佛，號釋迦牟尼。』以實無有法得阿耨多羅三藐三菩提，是故燃燈佛與我授記，作是言：『汝於來世當得作佛，號釋迦牟尼。』何以故？如來者，即諸法如義。若有人言如來得阿耨多羅三藐

所說義理的理解，佛在燃燈佛那裏，沒有依什麼法門證得無上正等正覺。」

佛陀說：「正是如此！正是如此！須菩提，實際上沒有什麼法門，使如來證得無上正等正覺。須菩提，如果有什麼法門讓如來證得無上正等正覺的話，那麼，燃燈佛便不會授記我說：『你將來必當成佛，號爲釋迦牟尼。』正是因爲實際上沒有什麼法門能夠證得無上正等正覺，所以燃燈佛才給我授記，說這樣的話：『你將來必當成佛，號爲釋迦牟尼。』爲什麼呢？因爲如來的意思，即一切法皆是如實空。如果有人說如來證得了無上正等正覺，須菩提，實際上是沒有什麼法，使佛證得了無上正等正覺！」

三菩提，須菩提，實無有法，佛得阿耨多羅三藐三菩提。」

「須菩提，如來所得阿耨多羅三藐三菩提，於是中無實無虛，是故如來說一切法，皆是佛法。」

「須菩提，所言一切法者，即非一切法，是故名一切法。須菩提，譬如人身長大。」

須菩提言：「世尊，如來說人身長大，則為非大身，是名大身。」

「須菩提，菩薩亦如是。

「須菩提，如來所證得的無上正等正覺，此中是既無實又無虛。因此如來說一切法，都是佛法。」

「須菩提，所謂一切法的意思，按著眞諦來講，就不是一切法，所以才叫作一切法。須菩提，譬如前面所說人的身形高大。」

須菩提說：「世尊，如來說人的身形高大，就不是眞實的高大的身形，因為法身是無相的，只是假名叫作高大的身形。」

佛陀說：「須菩提，菩薩也是如此。如果菩

若作是言：我當滅度無量眾生。則不名菩薩。何以故？須菩提，實無有法，名爲菩薩。是故佛說一切法，無我、無人、無眾生、無壽者。」

「須菩提，若菩薩作是言：我當莊嚴佛土。是不名菩薩。何以故？如來說莊嚴佛土者，即非莊嚴，是名莊嚴。」

「須菩提，若菩薩通達無我法者，如來說名眞是菩薩。」

「須菩提，於意云何？如

薩說這樣的話：『我應當滅除一切衆生的煩惱，救度一切衆生。』那就不叫菩薩。爲什麼呢？須菩提，菩薩的名字也是一個假名，實際上沒有什麼法，稱之爲菩薩的。所以佛說的萬象萬物，都是沒有自我的相狀、他人的相狀、衆生的相狀、永生不滅的相狀。」

「須菩提，如果菩薩這樣說：『我應當莊嚴佛土。』這就不叫菩薩。爲什麼呢？如來說莊嚴佛土的意思，按眞諦來講，就不是莊嚴佛土。只是假名稱爲莊嚴佛土。」

「須菩提，如果菩薩透徹地了解無我、無法的眞諦，也就是沒有自我的相狀、不執著於現象的相狀，如來說這樣才是眞正的菩薩。」

佛陀說：「須菩提，你認爲如何呢？如來有

來有肉眼不？」

「如是，世尊，如來有肉眼。」

「須菩提，於意云何？如來有天眼不？」

「如是，世尊，如來有天眼。」

「須菩提，於意云何？如來有慧眼不？」

「如是，世尊，如來有慧眼。」

「須菩提，於意云何？如來有法眼不？」

「如是，世尊，如來有法

肉眼嗎？」

須菩提答：「是這樣，世尊，如來有肉眼。」

佛陀說：「須菩提，你認爲如何呢？如來有天眼嗎？」

須菩提答：「是這樣，世尊，如來有天眼。」

佛陀說：「須菩提，你認爲如何呢？如來有慧眼嗎？」

須菩提答：「是這樣，世尊，如來有慧眼。」

佛陀說：「須菩提，你認爲如何呢？如來有法眼嗎？」

須菩提答：「是這樣，世尊，如來有法眼。」

眼。」

「須菩提，於意云何？如來有佛眼不？」

「如是，世尊，如來有佛眼。」

「須菩提，於意云何？如恒河中所有沙，佛說是沙不？」

「如是，世尊，如來說是沙。」

「須菩提，於意云何？如一恒河中所有沙，有如是沙等恒河，是諸恒河所有沙數佛世界，如是寧爲多不？」

佛陀說：「須菩提，你認爲如何呢？如來有佛眼嗎？」

須菩提答：「是這樣，世尊，如來有佛眼。」

佛陀說：「須菩提，你認爲如何呢？譬如恒河中所有的沙，佛說這些沙是沙嗎？」

須菩提答：「是這樣，世尊，如來說恒河的沙是沙。」

佛陀說：「須菩提，你認爲如何呢？譬如一條恒河中所有的沙，每一粒沙又都是一條恒河，佛土世界的數量就等於這些沙數，你說這樣的佛土世界數量多嗎？」

「甚多，世尊。」

佛告須菩提：「爾所國土中，所有眾生若干種心，如來悉知。何以故？如來說諸心皆爲非心，是名爲心。所以者何？須菩提，過去心不可得，現在心不可得，未來心不可得。」

「須菩提，於意云何？若有人滿三千大千世界七寶，以用布施。是人以是因緣，得福多不？」

「如是，世尊，此人以是因緣得福甚多。」

須菩提答：「很多呀，世尊。」

佛告訴須菩提：「這麼多的佛土中，所有眾生的種種心，如來完全都知道。爲什麼呢？因爲如來所說的種種的心，都不是眞正的心，只是假名叫作心。爲什麼呢？須菩提，過去的心念是無法把握的，現在的心念是無法把握的，未來的心念也是無法把握的。」

「須菩提，你認爲如何呢？如果有人以三千大千世界的所有七種珍寶，用來布施。這種人由於布施的因緣，所得的福報多不多？」

須菩提答：「是啊！世尊，這人由於這種布施的因緣，得到的福報是很多的。」

「須菩提，若福德有實，如來不說得福德多。以福德無故，如來說得福德多。」

「須菩提，於意云何？佛可以具足色身見不？」

「不也，世尊。如來不應以具足色身見。何以故？如來說具足色身，即非具足色身，是名具足色身。」

「須菩提，於意云何？如來可以具足諸相見不？」

「不也，世尊。如來不應

佛陀說：「須菩提，如果有眞正的福德，如來就不會說得到的福德很多。因爲福德不是實有，並沒有眞正的福德，所以如來才說得到的福德很多。」

「須菩提，你認爲如何呢？可以用圓滿具足的色身相來認識佛的眞實本性嗎？」

須菩提答：「不可以，世尊，如來的眞實本性不應當用圓滿具足的色身相來認識。爲什麼呢？如來所說的圓滿具足色身相，就不是眞實的圓滿具足色身相，只是假名稱爲圓滿具足色身相。」

佛陀說：「須菩提，你認爲如何呢？如來可以用圓滿具足的種種德行形相來認識嗎？」

須菩提答：「不可以，世尊，如來不能用圓

以具足諸相見。何以故？如來說諸相具足，即非具足，是名諸相具足。」

「須菩提，汝勿謂如來作是念：我當有所說法。莫作是念。何以故？若人言如來有所說法，即爲謗佛，不能解我所說故。」

「須菩提，說法者，無法可說，是名說法。」

爾時，慧命須菩提白佛言：「世尊，頗有衆生於未來世，聞說是法，生信心不？」

佛言：「須菩提，彼非衆

滿具足的種種德行形相來認識。爲什麼呢？如來說的圓滿足具的德行形相，就不是圓滿具足的德行形相，只是假名圓滿具足種種相。」

佛陀說：「須菩提，你不要說如來有這樣的念頭；我應當要說法。不要有這種念頭。爲什麼呢？如果有人說如來說了什麼法，就是謗佛，這是因爲沒有能夠眞正理解我所說的義理。」

「須菩提，說法的意思，就是沒有什麼法可說，只是假名叫作說法。」

這時，長老須菩提對佛說：「世尊，如果在將來的世界上，有些衆生聽到這法門，能否產生信心呢？」

佛說：「須菩提，那些衆生，並不是衆生，

生，非不眾生。何以故？須菩提，眾生者，如來說非眾生，是名眾生。」

須菩提白佛言：「世尊，佛得阿耨多羅三藐三菩提，爲無所得耶？」

「如是，如是。須菩提，我於阿耨多羅三藐三菩提，乃至無有少法可得，是名阿耨多羅三藐三菩提。」

「復次，須菩提，是法平等，無有高下，是名阿耨多羅三藐三菩提。以無我、無人、無眾生、無壽者，修一切善

也不是非衆生。爲什麼呢？須菩提，衆生之所以稱爲衆生，如來說他們不是衆生，只是假名衆生。」

須菩提對佛說：「世尊，佛證得無上正等正覺的意思，是不是無所證得呢？」

佛說：「正是如此，正是如此。我所證得的無上正等正覺，甚至於一點點的法也無所得，法並沒有一個實體存在，只是假名叫作無上正等正覺。」

「再者，須菩提，這法是諸法平等，沒有高下之分的，才名之爲無上正等正覺。能以無我、人、衆生、永生不滅諸相，而修行一切善法，自然就會證得無上正等正覺。」

法，則得阿耨多羅三藐三菩提。」

「須菩提，所言善法者，如來說即非善法，是名善法。」

「須菩提，若三千大千世界中，所有諸須彌山王，如是等七寶聚，有人持用布施。若人以此般若波羅蜜經，乃至四句偈等，受持讀誦，爲他人說。於前福德，百分不及一，百千萬億分，乃至算數譬喻，所不能及。」

「須菩提，於意云何？汝

「須菩提，所說的這個善法，如來說實際上並無善法存在，只是假名爲善法。」

「須菩提，如果以三千大千世界中，所有的須彌山一樣的體量，聚滿如此龐大的七種珍寶，有人用它來布施。如果有人以這部般若波羅蜜經，哪怕只以這部經中的四句偈，來遵循持守、朗讀誦唸，爲他人解說。他的福報與前面那個布施者來比，那布施者所得的福報是比不上他的百分之一，百千萬億分之一，甚至比不上任何算數或比喻可表示的數目。」

「須菩提，你認爲如何呢？你們不要說如來

等勿謂如來作是念：我當度眾生。須菩提，莫作是念。何以故？實無有眾生如來度者。若有眾生如來度者，如來即有我、人、眾生、壽者。

「須菩提，如來說有我者，則非有我。而凡夫之人，以爲有我。」

「須菩提，凡夫者，如來說即非凡夫，是名凡夫。」

「須菩提，於意云何？可以三十二相觀如來不？」

須菩提言：「如是，如是。不可以三十二相觀如

有這樣的念頭：我應當救度眾生。須菩提，不要有這種念頭。爲什麼呢？因爲實際上是沒有什麼眾生可以讓如來救度的。如果有眾生讓如來救度，如來就存有自我、他人、眾生和永生不滅的相狀。」

「須菩提，如來說有我，只是假名，並非眞的有我。而一般凡夫，以假我當成眞我。」

「須菩提，所謂凡夫，即不是凡夫，只是假名稱爲凡夫。」

「須菩提，你認爲如何呢？可以用三十二種相狀來認識如來的眞相嗎？」

須菩提說：「是的，是的。不可以用三十二種相狀來認識如來的眞相。」

來。」

佛言：「須菩提，若以三十二相觀如來者，轉輪聖王則是如來。」

須菩提白佛言：「世尊，如我解佛所說義，不應以三十二相觀如來。」

爾時，世尊而說偈言：

若以色見我，
以音聲求我，
是人行邪道，
不能見如來。

「須菩提，汝若作是念：如來不以具足相故，得阿耨多

佛說：「須菩提，如果可以用三十二種相認識如來眞相的話，那麼轉輪聖王就是如來，因爲轉輪聖王也可以顯現出三十二種相來。」

須菩提告訴佛說：「世尊，如果按照我對佛所說的義理來理解，是不可以用三十二種相來認識眞正的如來。」

這時，世尊就說了偈言：

如果以色相認識我，
如果以聲音辨識我，
這人便是行邪道，
無法見到眞實的如來。

「須菩提，你如果有這種念頭說：如來不是以具足一切福德智慧諸相，才證得無上正等正

羅三藐三菩提。須菩提，莫作是念：如來不以具足相故，得阿耨多羅三藐三菩提。須菩提，汝若作是念：發阿耨多羅三藐三菩提者，說諸法斷滅相。莫作是念。何以故？發阿耨多羅三藐三菩提心者，於法不說斷滅相。」

「須菩提，若菩薩以滿恒河沙等世界七寶布施。若復有人知一切法無我，得成於忍，此菩薩勝前菩薩所得功德。何以故？須菩提，以諸菩薩不受福德故。」

覺。須菩提，不要有這種念頭：如來不是以具足一切福德智慧諸相，才證得無上正等正覺。須菩提，你如果有這種念頭：發心追求無上正等正覺，就要存有現象都斷絕滅除之相。不要有這種念頭。為什麼呢？發心追求無上正等正覺，對於現象就不能執著於斷絕滅除的相狀。」

「須菩提，如果菩薩用與恒河沙數一般多的三千大千世界的七種珍寶，拿來布施。如果再有人知道一切現象都是無我，因而證得無生法忍，這人所得的功德，就遠勝於前面那位菩薩布施所得的功德。為什麼呢？須菩提，因為諸菩薩不執著有沒有福德果報。」

須菩提白佛言：「世尊，云何菩薩不受福德？」

「須菩提，菩薩所作福德不應貪著。是故說不受福德。」

「須菩提，若有人言如來若來若去，若坐若臥，是人不解我所說義。何以故？如來者，無所從來，亦無所去，故名如來。」

「須菩提，若善男子、善女人，以三千大千世界碎爲微塵。於意云何？是微塵眾，寧爲多不？」

須菩提對佛說：「世尊，爲什麼菩薩不執著福德果報？」

佛陀說：「須菩提，菩薩不應當貪著於所作的福德，所以說菩薩不執著福德果報。」

「須菩提，如果有人說如來有來有去，有坐有臥，那麼這人是不理解我所講的義理。爲什麼呢？如來的意思，就是無所謂來，也無所謂去，所以才叫如來。」

「須菩提，如果有善男子、善女人，把三千大千世界都粉碎爲微塵。你認爲如何呢？這些微塵，是多還是不多？」

「甚多，世尊。何以故？若是微塵眾實有者，佛則不說是微塵眾。所以者何？佛說微塵眾，則非微塵眾，是名微塵眾。世尊，如來所說三千大千世界，則非世界，是名世界。何以故？若世界實有者，則是一合相。如來說一合相，則非一合相，是名一合相。」

「須菩提，一合相者，則是不可說。但凡夫之人，貪著其事。」

「須菩提，若人言佛說我見、人見、眾生見、壽者見。

須菩提說：「很多，世尊。爲什麼呢？如果這麼多微塵是實有的話，佛就不會說這麼多微塵。這是什麼原因呢？因爲佛說的微塵多，就不是微塵多，只是假名爲微塵多。世尊，如來所說三千大千世界，不是眞實的世界，只是假名爲世界。爲什麼呢？因爲如果這個世界眞正存在的話，那麼它就是一種所有的微塵聚合而成的相狀。如來說這一聚合而成的相狀，就不是原來的相狀了，這才是眞正的實相。」

佛陀說：「須菩提，如來所說的一種聚合而成的相狀，是無法言語的。但是凡人卻偏要執著其中的相狀和變化。」

「須菩提，如果有人講佛解說了有關自我的見解、他人的見解、衆生的見解、永生不滅的見須菩提，於意云何？是人解我所說義不？」

「不也，世尊。是人不解如來所說義。何以故？世尊說我見、人見、眾生見、壽者見，即非我見、人見、眾生見、壽者見。是名我見、人見、眾生見、壽者見。」

「須菩提，發阿耨多羅三藐三菩提心者，於一切法，應如是知、如是見、如是信解，不生法相。須菩提，所言法相者，如來說即非法相，是名法相。」

解。須菩提，你認爲如何呢？這人理解了我所講的義理嗎？」

須菩提說：「沒有，世尊，這人沒有理解如來所講的義理。爲什麼呢？因爲世尊所說的我見、人見、衆生見、壽者見，從眞諦上來講，根本不是實有，不過是假名，才名之爲我見、人見、衆生見、壽者見。」

佛陀說：「須菩提，發心追求無上正等正覺的人，對於一切現象，應當像這樣來理解，像這樣來認識，像這樣來信仰，不產生對現象相狀的執著。須菩提，所說的現象相狀，就不是如來說的現象相狀，只是假名才說現象相狀。」

「須菩提，若有人以滿無量阿僧祇世界七寶，持用布施。若有善男子、善女人，發菩提心者，持於此經，乃至四句偈等，受持讀誦，爲人演說，其福勝彼。」

「云何爲人演說？不取於相，如如不動。何以故？

一切有爲法，
如夢幻泡影，
如露亦如電，
應作如是觀。」

佛說是經已。長者須菩

「須菩提，如果有人用所有無量阿僧祇世界的七種珍寶，來行布施。又如果有善男子善女人，以追求覺悟之心，來持守這部經，甚至只有四句偈，遵循持守、朗讀誦唸，爲他人講解演說，這人所得的福德就遠勝於那位布施者所得的福德。」

「如何才是正確地爲他人演說講解這部經呢？那就是不執著於一切言語名相，明白眞理在本質上是不變的。爲什麼呢？

一切有作爲的現象，
都如夢幻泡影一般，
又如朝露或閃電，
對世間萬象都要存有如此虛幻的知見。」

佛說完了這部經，須菩提長老和衆比丘、比

提，及諸比丘、比丘尼、優婆塞、優婆夷，一切世間天、人、阿修羅，聞佛所說，皆大歡喜，信受奉行金剛般若波羅蜜經。

丘尼、居士、居士女，及一切世間的天、人、阿修羅聽到佛說的義理，都非常歡喜，深信無疑，恭敬奉行這部《金剛經》。

二、要義解說

關於金剛經

般若經類在所有大乘經典中，是產生較早的經典，《金剛經》又是般若經類中產生較早的經典。因此，在體例及文詞上都顯現出與小乘經典類似的情況。雖然出現的時間較早，《金剛經》卻也是大乘佛教最重要的經典之一。在中國，它又是漢傳佛教的重要經典。三論宗、天台宗、禪宗、唯識宗都把這部經當成主要依據的經典，唐玄宗在當時流行於中國的三教之中，各挑選一部主要經典，《金剛經》就是代表佛教的經典，道教則是《道德經》，儒教則是《孝經》，可見《金剛經》在當時盛行的情況與受重視的程度。

《金剛經》在漢傳佛教中盛行，並不止於唐以前，更影響著後世的漢傳佛教。唐以後中國佛教以淨土宗、禪宗兩宗獨盛，但淨土宗逐漸由五念佛法門轉向為專修

「稱名念佛」的單一法門，較不重視經典，使得淨土宗在佛典的流傳與發揚上，逐漸衰落。禪宗則在五祖弘忍以後，以《金剛經》取代《楞伽經》，作爲禪宗主要依據的經典，帶領《金剛經》成爲在中國唯一盛行千餘年，從未稍褪的一部佛經。禪宗對中國文化的影響，不僅止於宗教，連帶使此經對中國的影響，跨越宗教，受民間、士人所共同崇信、奉行，作爲修身養性、人生觀、生命觀的經緯依據。對此經，將它作爲佛教的一部重要經典，是太侷限了，但要理解它，又必須依賴佛教的義理，才能得其精髓。

《金剛經》流傳至今的古譯本共有六種：

一、金剛般若波羅蜜經：一卷，姚秦鳩摩羅什譯。

二、金剛般若波羅蜜經：一卷，元魏菩提流支譯。

三、金剛般若波羅密經：一卷，陳眞諦譯。

四、金剛能斷般若波羅蜜經：一卷，隋達摩笈多譯。

五、能斷金剛般若波羅蜜經：一卷，唐玄奘譯。

六、能斷金剛般若波羅蜜經：一卷，唐義淨譯。

這六種譯本中，以鳩摩羅什所譯，流傳最廣，一般均用此版本。歷代的註疏則不計其數，即使是近代，白話文流行以來，也出現了許多不同的白話譯本，或是各種講經記述。每一種版本，也都有其特色。本書參考了各種版本，在以簡化、系統的原則下，採用直譯與解說雙管齊下的方式，與《心經》併爲一書，目的是彰顯其般若思想的系統，以及保存原譯色彩，使讀者能直接領受經文的要義。因爲過多的旁徵博引，反而易干擾讀者的思緒，使人無法專注。有些講堂往往光是解釋經名就要一周，甚至一個月的時間，這情況並不符合現代人的生活步調，更不是講經的本來用意。但對於想研究此經的人，卻是一個不錯的方式，只是這種方法不是本書的目的，因此本書採取了重點式的解說方式。

重現早期僧團的修行生活

《金剛經》的序分（因緣分）對當時佛陀在世時，僧團的生活，開始便作了具體的描述。舍衛國的祇樹給孤獨園就是佛陀領導的僧團，居住、修行的地方，共有大比丘一千二百五十人。

到了中午用飯的時候，佛陀也像其它的比丘們一樣，穿起袈裟，手持缽具，一同到城裏乞食。佛陀並沒有獨自留下，要求比丘們乞食回來供養，這正是眾生平等的具體體現。禪宗有一位百丈禪師，他制定了「百丈清規」，作爲叢林生活的根本典範。其中就有「一日不作，一日不食」的規定，他自己也是身體力行，沒有勞動，就不吃飯。這種作風一直被叢林修行者及世俗人所稱道，直到今日。

再看看，佛陀與僧團的比丘們乞食後，必須「還至本處」，而不是沿路邊走邊吃，這便是佛教的「威儀」，威儀是發自本心，見於行爲，不必靠莊嚴的外表，就在日常生活的行、住、坐、臥中。

用完餐後，大家收好衣缽，敷開座位，開始下午的功課，首先由須菩提提問。須菩提是佛陀的十大弟子之一，號稱「解空」第一，有關「空」的問題，當然以他來提問最是恰當。須菩提的問題重心就是在如何「護念」？**護念正是貫穿整部《金剛經》的重點，也是修行的關鍵。**

「護念」為要

《金剛經》是一部講實修的經，而不是理論的。因為這個特性，所以講究從日常生活中，也就是我們肉眼所見的世界中，去實踐修行，生活就是修行。但是從理論的發揚來看，《金剛經》又是專門談論「空」的經典。此經從頭到尾不用一個「空」字，卻又用了種種的否定方式來形容「空」，最具體的一句話就是「無我相、人相、眾生相、壽者相」。這四相否定，除了代表「空」之外，也是在勸修行的人不要執取於我，「我」的具體內涵就是生命，也就是「壽者」。**雖然空在本質上有三空——我空、法空、空空，但還是以我空為基礎，也是破除空的關鍵**。但著名的禪學大師南懷瑾，則力排眾人的看法，認為此經不是談「空」。南懷瑾極力主張此經不是論「空」，可能基於兩點：一是避免讀者著於空相；一是本經就是在講修行的實踐。因此，經中只提到「護念」，這護念不是無念。談了護念之後，便緊接著提出「應如是住，如是降伏其心」。

人的心念有如萬馬奔騰，洶湧而未曾停歇。雖然可以提出「無念」作為修行的目標，但理想卻不是可以輕易實現的，經中才會強調「應無所住，而生其心。」的方法，**要修行者保持「無住」的心，也就是心念雖然產生，但不讓一點心念住留心**

中。

肚子餓了，總要吃飯；冷了，要穿衣。但如果用完餐，卻在心中老記掛著剛才的食物，有哪些美味？有哪些美中不足？這便是心念的住留。但一般人要做到「無念」的境界，並不是很容易的事，不是「知道」就能「做到」。我們只要捫心自問，多少的恨與愁、多少的愛與樂，曾經在心中留存？它時時牽動著我們的心念，這就是常人的心念。有時候，我們甚至要主動控制心念，心念還是不聽指揮。在臨床醫學上，精神性疾病或變態性行爲疾病的患者，往往是某些幼年時期的經驗，沈澱在心底，進而影響到成年以後的行爲。可見心念就是修行者最大的敵人，但也同時是我們成就佛道的道路，有敵人的存在，才有戰鬥的任務。這就是「煩惱即菩提，生死即涅槃」的道理，只有入世的人，才能修得大菩提。大乘法門主張人間是修菩提道的道場，也是這個道理。生於天，生活享受不盡，誰要去修道？生於地獄，受苦不盡，又如何修道？只有人間是菩提道。

如何護念——不執著

經中接著提到「若菩薩有我相、人相、衆生相、壽者相，即非菩薩。」人因為存有自我意識，才會以自我為中心，產生相對的他人、衆生的差別相，以及各種外境，最終則是歸於對自己生命的意識與執著，這便是我相、人相、衆生相、壽者相。有了這些意識，自然要因此興起各種妄念，這最嚴重的妄念，也是最原始的妄念，就是對生命的執著，不能對生命虛妄不實、無常作客觀的判斷，而生種種的痛苦與煩惱。對生命的認知與追求，佛、道之間最大的差別也在此，道家追求長生不老，佛教則承認今生生命的短暫。反過來說，要去除這些妄念，最重要、也是最根本的，就是要去除對生命的執著。近年來由西方傳入台灣的生死學，主要的認知基礎，正是數千年前佛教就已提出的觀念——生命是短暫而虛幻的。

生死學以生命的短暫、不可掌握，作為立論的基點，才能對人的生命作出客觀而實際的價值判斷與追求，教導人們如何在有限的生命中，開創無限的價值，生活在符合自己需要的生活中。當然，佛教的生命觀是不止於現世的，而是三世的——前世、今生、來世；是超越時空侷限的，以業報輪迴在三世中呈現不同的形態。從另一個角度看，生命的形態是可以轉換的，所以是「衆生平等」的。基於這樣的基礎，才有佛教的慈悲觀，慈悲也是要用無執的心去實踐，所以是「應無所住，行於布施。不住色布施，不住聲、香、味、觸、法布施。」任何的善行，只要執著於外相（外境）——更直截地說，只要是有原因（念頭）的善行，都是沒有功德的。因爲一生起執著心，一切的行爲都不是清淨之行。這就是「護念」，修行就是在修心中這個奔騰的意念，去除執取外境的心念。

無相——無相即是空

看看以下節錄的重點：

「凡所有相，皆是虛妄。若見諸相非相，則見如來。」

「無有定法名阿耨多羅三藐三菩提，亦無有定法如來可說。」

「莊嚴佛土者，則非莊嚴，是名莊嚴。」

「佛說非身，是名大身。」

「佛說般若波羅蜜，則非般若波羅蜜，是名般若波羅蜜。」

「諸微塵，如來說非微塵，是名微塵。」

「如來說三十二相，即是非相，是名三十二相。」

「是實相者，則是非相，是故如來說名實相。」

「離一切諸相，則名諸佛。」

不起執著心的方法，就是「離相」，連佛法之相也要離，能夠離一切相，便是到達非相——實相的境地，也就是佛。

曹洞宗警玄禪師有一首詩偈，描述他的學道過程：

我昔初機學道迷，萬水千山覓見知。
明今辨古終難會，直說無心轉更迷。
蒙師點出秦時鏡，照見父母未生時。
如今覺了何所得？夜放烏鴉帶雪飛。

佛道只在自心中去求，一切外境，連佛法都是要丟棄的。當你覺悟的時候，什麼也沒有得，這便是「夜放烏鴉帶雪飛」。心中只有那一點靈光，其它什麼也沒有。

白居易曾問惟寬禪師，要用什麼修心？染垢的念頭當然不可以有，但沒有清淨的念頭可以嗎？」

惟寬回答：「如人眼睛上，一物不可住。金屑雖珍寶，在眼亦為病。」再珍貴的佛法，仍只是修道成佛的方法、手段，一起執取心，便什麼也別修了。清淨的念頭如果存在，也等於是一種執著。這便是「護念」，護心中無相之念。

佛經中有許多名相，其實都是同指實相，如無相、法界、法性、眞如、空。這些不同的說法，只是在引導人們了解什麼是「實相」，實相就是指——宇宙的眞實現象，這眞實現象，就是空，就是無，但文字怎麼說也說不明白。因為一出現文字就很容易給人們帶來一個具相，無也是具相。所以要說「莊嚴佛土者，則非莊嚴，是名莊嚴。」既使今天拿出一本無字天書，說這就是佛經，除了不懂，還是會有「空」的具相存在觀者心中，這便是「不可說」的道理。

再接著看這些節錄：

「又說一切眾生，則非眾生。」

「我應滅度一切眾生，滅度一切眾生已，而無有一眾生實滅度者。」

「實無有法，如來得阿耨多羅三藐三菩提。」

「實無有法，名爲菩薩。」
「是故佛說一切法，無我、無人、無眾生、無壽者。」
「若菩薩通達無我法者，如來說名眞菩薩。」
「過去心不可得，現在心不可得，未來心不可得。」
「如來說諸相具足，即非具足，是名諸相具足。」
「若人言如來有所說法，即爲謗佛，不能解我所說故。」
「若樂小法者，著我見、人見、眾生見、壽者見。則於此經不能聽受讀誦，爲人解說。」

如果執著於自我、人、眾生及生命，自然無法理解《金剛經》的義理。佛陀講法四十九年，怎麼會反過來說未曾說法？怎麼會沒有滅度者？《金剛經》出現在大小乘交替的時代，代表過渡時期的思想，但也是融合的思想。**雖然一再強調「無」、「空」的思想，但這些都是在破除「我執」，並不是眞的**完全否定世俗的世界。所以必須先說「我應滅度一切眾生」，然後在滅度眾生之後，才說「而無有一眾生實滅度者」。不能在眾生滅度之前，就說「無有一眾生實滅度者。」必須先說「一切眾生」，才能說「則非眾生」，在「一切眾生」尚未成立前，「非眾生」也是不成立的。這便是由世俗的、虛妄的世界出發，先肯定世俗世界的存在，再以第一義諦——空，否定世俗世界，進入實相中。

虛妄的世界不是不存在，只是暫時存在，不能把握，所以也不要去執著。「過去心不可得，現在心不可得，未來心不可得。」這句經文正是《金剛經》對世俗與眞實世界的最佳詮釋。如果一味偏空，否定過去心的曾經存在，那麼，依據這種理路思考，一切罪福也都沒有意義，推衍到極端，便是否定佛教的根本思想——業報輪迴觀。業報輪迴觀沒有了，我們學佛尋求解脫的意義也沒有了，因爲沒有對象可以解脫。學佛的用處與價值，也將面對全面的否定。

以「應無所住，而生其心。」對照「過去心不可得，現在心不可得，未來心不可得。」就能更貼切地解釋《金剛經》中，對如何「護念」的修行觀。這個世界不是一個完全寂滅的世界，無念就是心念不住留，心念不斷生起、斷滅，修行者就是在把握「無念」的刹那，不讓心念住留在心中。這「無念」的刹那，是會隨著修行的功夫，越來越長的，但如果是刻意去尋求「無念」，其實已經執著於某種意象的追求了。從這個角度觀察，禪宗發展到五祖弘忍以後，很自然地以《金剛經》爲主要經典，是必然的現象。這或許也是佛教在傳入中國以後，受中國文化重視入世、現世的精神影響，發展出來的漢傳佛教特色。以下就舉禪宗的公案，作說明。

禪宗公案為例

有人問澄遠禪師：「如何是祖師西來意？」澄遠回答：「坐久成勞。」再問：「便回轉時如何？」澄遠：「墮落深坑。」

一天到晚只在探求「祖師西來意」，這現象正如學佛的人，一天到晚中就只執著在佛法的追求上，這不是執著心是什麼？澄遠用「坐久成勞」說明執著的不是。但回到原點又如何呢？這刻意的回頭，不也是執著心嗎？一切都應該把持「無所住」的心念。這則公案正如南嶽懷讓糾正馬祖道一「坐禪豈得成佛」一樣。馬祖道一整日坐禪，目的就是希望早日成佛。師父懷讓乾脆磨起磚頭，引起道一注意「磨磚豈得成鏡」？再告訴他「坐禪豈得成佛。」坐禪，在學佛的內涵上，目的只是在追求「定」的功夫，由定開發智慧，由智慧方能成就佛道。將坐禪由方法變成目的，是無法成就佛道的。現在有些人將坐禪的目的放在希望與佛相互感應，或者是獲得某種神通，這恐怕也不是坐禪的目的，心中有所求，就必然有所執著。

針對心念問題，再舉一個公案：

清遠禪師上堂說法：「大凡修行，須是離念，此個門中，最是省力。只要離卻情念，明得三界無法，方解修行。離此外修，較是辛苦。」

清遠禪師舉了個例子，過去有位持戒的僧人，一生持戒嚴謹，有天晚上在夜路上踩到一樣東西，並發出聲音，心中以爲踩到了一隻腹中有無數卵子的蛤蟆，又驚又悔。回家以後，在睡夢中夢到無數的蛤蟆來索命，僧人心中是既畏懼又恐怖。一直到天亮，看清楚了，原來不過是一個老茄子。僧人這時才卸下疑情，也了悟三界無法，該如何修行的道理。

這中間有幾個問題，正是關係著「無念」修行法的。

第一個問題：**爲什麼「離念」是最容易的修行法？**

離念不是無念。一個人要持戒修行，在外表的行爲上，持戒尚且不易，更何況是在念頭上要持戒？心念有時候根本不是人所能控制的。所以《金剛經》才講「無住」，不讓心念住留，這便是「善護念」。

第二個問題：**踩到的是老茄還是蛤蟆？**

踩到的當下，持戒僧主觀地認爲是踩到蛤蟆，心中才有殺生破戒的恐怖。但天亮了，才知道踩到的是茄子，心中殺生之念頓除。可見凡人的心念是主觀的，心生萬法，並且受到主觀意念的驅使，根本無法獨立思考，才會在夜夢中遇上無數的蛤蟆來索命。

第三個問題：**持戒僧解脫了嗎？**

僧人因爲天亮看到茄子，才知道昨夜並未殺生，這只能說沒有破戒，並沒有眞解脫。因爲茄子代替了蛤蟆，代替了殺生，但僧人還是執著在「有」的念頭上打轉。清遠禪師最後講了一句「要得無茄解」，必須在你心中自在解脫，不須用茄子的念頭來解殺生之念，也就是念頭過去就過去了，不必由另一個念頭來取代，讓念頭自然消逝不住留，這才是眞解脫。

仁勇禪師在保寧寺任住持時，形容自己的修行生活是「隨分有鹽有醋，粥足飯足，且恁過時。若是佛法，不曾夢見。」這「不曾夢見」正是《金剛經》中所說：

「實無有法，如來得阿耨多羅三藐三菩提。」

圓融佛法

強在大小乘之間作區隔，這便有違佛法；強加區隔世間與出世間的道德規範，這也是不對的。代表原始佛教的《法句經》中，出現了這樣的兩則偈文。

居孝事父母，治家養妻子，不爲空之行，是爲最吉祥！

於罪於福，兩行永除，無憂無塵，是爲梵志！

前句表明佛教對世間法的認同與尊重；後者則說明被批爲小乘的原始佛教，並不只是在修福、脫離業報輪迴，早期佛教的經典中，早已存在大乘所倡行的觀空解脫道。《阿含經》中也說明，釋迦牟尼佛在帝釋天的懇求下，答應爲衆生說法，度脫衆生。這佛陀說法的行爲，就是大乘菩薩精神的體現。無論在世間與出世間作區隔，或是在大小乘之間作優劣分別，都是有礙佛道的。同樣地，以爲般若法門優於一切法，這種分別心只會使人離佛法愈遠。

八萬四千法門就像從高雄到台北，從台北到高雄，你可以選擇高速公路、鐵路、省道、飛機，只要是你覺得適合的道路，終究可以到達目的地。在這些方法中，強加分別哪一種方法是對是錯？優與劣？這些都是不對的。選擇適合自己的道路，就是最正確的。

整部《金剛經》，從現實世界出發，並不全然否定虛幻、短暫的世俗，所有的空與無也都建立在對虛幻世界的認知基礎上，沒有虛幻的、短暫的世界，就不能呈現真實的、恆常的世界。沒有凡人的世間，就沒有得道的出世間。佛教教義的發展，從佛陀對四諦的認知展開，而有入世的十善業、八正道等。建立起業報輪迴觀以後，才有解脫道的追求。因於有，才有無；因於執著，才有空；因於空，才有唯識；因於唯識，才有佛性論，才有如來藏思想。佛學思想的發展，是漸次完成、圓融的，沒有優劣、分別的問題。

般若思想就是在開發吾人的智慧，依智慧修行引領我們認知宇宙的實相，得生命的解脫，不是人世的解脫！

三、名相解說

1. **祇樹給孤獨園**：位在印度舍衛城附近的園林。此園土地由當時的祇多太子賣給一位長者（富有之人），長者名叫給孤獨，因爲他經常濟助孤苦之人而得名。祇多太子只賣了土地，園林則供養佛陀。長者在土地上蓋起房舍供養佛陀，作爲僧團說法及修行之處，因此便以兩者的名字合稱爲祇樹給孤獨園。此園一直是佛陀在世時主要的活動地點，當前已是印度的佛教聖地之一。

2. **大比丘**：比丘指出家受過具足戒的男僧；女僧稱爲比丘尼。大比丘指修行高深的僧人。

3. **乞食**：印度文化中，對出家的僧人十分尊重，並以供養僧人爲功德之行。僧人們也堅持以乞食獲得生活所需。一方面因爲這是人們對僧人尊敬的表示；另方面則是爲了培養無所得（執）的心念。乞食必須堅持兩項原則：飽食即可，不能預留下一餐的量；人們供養什麼就接受什麼，不能有所選擇或要求。兩項原則其實就是依教義而來的修行法。

4. **須菩提**：佛陀的十大弟子之一，號稱「解空第一」。

5. **如來**：釋迦牟尼佛有十種稱號：如來、應供、正遍知、明行足、善逝、世間解、無上士、調御丈夫、天人師、佛世尊。也有只稱前三號者。如來意指依如實之道修行，而證得佛果。

6. **菩薩**：菩提薩埵的簡稱。菩提即覺悟、得佛道；薩埵即有情，也就是眾生。小乘以阿羅漢為理想人格的追求，強調個人人生的修持與解脫。大乘則強調修行六度，理想人格是「以智上求菩提，以悲下救眾生。」菩薩舊稱大士，如觀音大士，但後來也被引用為對人的敬稱。

7. **阿耨多羅三藐三菩提**：見〈心經的名相解說〉第十三條。

8. **卵生**、**胎生**、**濕生**、**化生**：古印度文化中對生命生成的認知，所作的分類。卵生指由卵中出生；胎生指從母體腹中出生；濕生指從濕氣或腐物中出生；化生指神鬼等由神通或神祕力量中，變化生成。此四生即泛指所有有生命的東西。

9. **有色**、**無色**：概括地說，色指有實體（眼可見）的物質現象，但另外還包括有生命的慾望現象。無色則是相反的非生命、非物質的實體。有色、無色即涵蓋一切現象的意思。

10. **有想、無想、非有想、非無想**：想即思惟的能力，四者合併也是像有色、無色一樣，指涉涵蓋以有無思惟爲分類的一切眾生。

11. **無餘涅槃**：涅槃指寂滅、無爲的狀態，詳見〈心經名相解說〉第十一條。此處的無餘涅槃是相對於有餘涅槃而說。據《大智度論》：「愛等諸煩惱斷，是名有餘涅槃。聖人今世所受五眾（蘊）盡，更不復受，是名無餘涅槃。」因此：

有餘涅槃：指斷除愛慾等各種煩惱，不再受身，但前世的果報之身還留在世間。

無餘涅槃：今世所受的五陰身已盡，也不再受身，進入完全寂滅的狀態。

12. **我相、人相、眾生相、壽者相**：相指狀態，不一定是眼可見的實體狀態，思惟中的狀態亦是。《大乘義章》：「諸法體狀，謂之爲相。」法指一切精神與物質的現象，所以相即指事物之相狀，表於外而想像於心者。

此處我相、人相、眾生相、壽者相，簡單地說，就是指對我與他之間存在的差別相，對自己的生命存在的執著相。徹底地說，就是對世間的萬事萬物存在差別相，不能領悟衆生平等的意義。從緣起的觀點觀察，萬事萬物都是緣起緣滅，不存在自性，何有差別?從畢竟空的第一義諦觀察，我、人、衆生，生命都是畢竟空，何來差別?

13.**布施**：大乘六度（布施、持戒、忍辱、精進、禪定、智慧）之一，音譯檀那，意指施與他人財物、體力、智慧等。瑜伽行派具體地將布施分爲三種：財施、法施、無畏施。小乘的布施，目的在破除個人的貪吝之心，免來世的貧困。大乘的布施，則與大慈大悲的精神結合，目的在實踐菩薩道的慈悲情懷。因而布施是以衆生平等爲基礎，及於一切衆生的。

此處講無住布施，即是菩薩道的發揚，無住即是無所執著，也就是無所得。歷史上最著名的例子就是梁武帝。武帝篤信佛教，除了布施僧人、廣建寺廟，更曾三次捨身佛寺。在達摩進入中土後，第一位面見的重要人物就是武帝，武帝問達摩，他所做的一切布施有沒有功德。達摩告訴他，這些都不是功德，只是「人天小果」，也就是福報，因爲功德是「淨智妙圓，體自空寂。」武帝終究因爲執著於「有」，不能入於空智，不得解脫。達摩因爲與武帝不能契合，隔年便渡江北上少林寺，開禪宗一派。

14. **色、聲、香、味、觸、法**：此即人的六根所能感知的六境（六塵），詳見〈心經中的名相解說〉第六條。

15. **善根**：指禮佛、供養佛、聽佛法等與佛親近的行爲。

16. **筏喻**：佛經中經常以船（筏）代表佛法，因爲佛法是用來度人，由痛苦、煩惱的此岸到達無煩惱的解脫彼岸。就像人們要渡過兇險的大海，必得有賴堅實的大船。所謂筏喻就是告訴學佛的人，佛法只是幫衆生渡生死煩惱大海的工具，既然到達了解脫彼岸，就應該捨棄船筏。也就是不要在解脫後，還執著於佛法爲有，如此就不是眞正的解脫。正如了悟空之後，還執著於有空，就不是眞解脫。

17. **無為法**：相對於有爲法而言。爲指造作、作爲之意。

有爲法指由因緣造作而起的相續不斷的現象，也就是生、住、異、滅的相續變化相。因爲是相續變化，所以是無常。有爲法有時又特指人的造作行爲。

無因緣造作就是無爲法，也就是沒有生、住、異、滅的現象。因爲沒有這四種變異，所以是常。無爲有時候又作爲涅槃的代名詞，如《無量壽經》：「無爲泥洹（涅槃）之道。」三無爲中的擇滅無爲（以智慧斷煩惱入滅）指的便是涅槃。

18. **三千大千世界**：即大千世界。佛教對世界的空間觀，是以須彌山爲中心，鐵圍山爲外廓。同一日月所照的四天下爲一小世界；一千小世界爲一個小千世界；一千小千世界爲一個中千世界；一千中千世界爲一個大千世界。因爲大千世界中包含有小、中、大三種千世界，所以稱爲三千大千世界。此處三千大千世界，即泛指整個宇宙。

19. **七寶**：佛教中指供奉佛的七種珍寶，又可引伸爲世界最珍貴的七種寶物。七寶有各種說法，般若經中所指的七寶爲：金、銀、琉璃、硨磲、瑪瑙、琥珀、珊瑚。

20. **須陀洹**、**斯陀含**、**阿那含**、**阿羅漢**：此爲小乘對修行果位的區分：

須陀洹果：又稱預流果，指通過思悟四諦眞理，斷除對三界的見惑，所達到的最初修行果位，此後進入無漏的聖流之道。

斯陀含果：又稱一來果，指通過思悟四諦眞理，斷除與生俱來的煩惱（修惑的一部份）所達到的果位，此果位必須再來生一次天上。

阿那含果：指經過修行而完全斷除了欲界的修惑所達到的果位，此果位不再來生於欲界。

阿羅漢果：小乘最高修行果位，指已進入涅槃，不再入於生死輪迴，達到無生的境界，也再無可學，所以又稱為無學果。

除了上述這四果，又有所謂四向，即預流向、一來向、不還向、阿羅漢向。四向四果合稱四雙八輩，也就是小乘所稱的八賢聖。

21. **無諍三昧**：三昧為音譯，又稱三摩提，意譯為定，指心專注於一處而不動。三昧的解釋非常多，但不離禪定之意，或「止觀」之止，是透過修行所得的一種功夫，能使心念專注一處，但並不特指類似打坐的禪定，而是修行的境界，無處不在。

無諍三昧，依據《大智度論》的說法：「常觀眾生不令心惱，多行憐憫。」《金剛經略疏》則說：「無諍三昧者，以其解空，則彼我俱忘，能不惱眾生，亦能令眾生不起煩惱故也。」修行者因為了悟空的眞理，已達無人我之別的境地，所以不對眾生產生惱怒，也不會使眾生心生煩惱。這便是無諍三昧。

22. **阿蘭那**：亦譯阿蘭若，簡稱蘭若。《大乘義章》：「阿蘭若者，此翻名為空閑處也。」這是阿蘭若的原意，引伸就是寺院的總稱，或僧人居住之地，更有作修行道場之意，且不一定要有房舍。因為在印度文明中，沙門修行的地方，必須遠離人煙，所以遠離人群獨居修行，就被稱為阿蘭若行，是十二頭陀行（苦行）之一。

23. **燃燈佛**：又稱為錠光佛。釋迦牟尼佛在過去世尚未成佛時，因曾經以蓮花供養燃燈佛，得燃燈佛授記九十一劫後成佛。

24. **須彌山**：須彌山是印度文化中的山名，是世界的中心，因此山極大，故稱為須彌山王。

25. **恒河**：在今印度與孟加拉境內，是古印度文明中的聖河。佛經中經常以恒河沙的數量，比喻極多、數不盡。

26. **天、人、阿修羅**：佛教六道輪迴中的三種，阿修羅意為非天，天龍八部（護法神）之一。傳說帝釋天有美食、無美女，阿修羅有美女、無美食，帝釋便誘拐了阿修羅的妻子，兩人因而經常戰鬥。

27. **三十二相**：指佛陀與常人不同的三十二種美好外相。例如：白毛相、頂髻相、身廣長相等。

28. **實相**：眞實的本體。實相是相對於虛妄而有，佛教認爲一切現象都因緣起而有，也因爲凡夫的心加以虛妄區別而有，本體則是無相，無相就是實相。

在佛經中，以不同的角度定義，實相有許多不同的名稱，如法性、眞如、一實、一如、一相、無相、法身、法證、法位、涅槃、無爲、眞諦、眞性、眞空、實性、實諦、實際，這些都是實相的異名。學佛的目的，簡單地說，也就是透過對實相的認知，破除對虛妄的執著。

29. **歌利王**：亦作迦利王、羯利王，意爲鬥諍王。是佛陀的前世中，波羅奈國的無道君主。傳說歌利王因見佛陀修禪定、宣揚佛法而起嫉惡心，毀壞佛陀的容貌與肢體，但因佛陀心無瞋恨，容貌與肢體都立即恢復原貌，絲毫無傷。歌利王見狀，心生懺悔，遂入佛門。

30. **阿僧祇劫**：阿僧祇爲計數單位，意爲無數量；劫爲時間單位，意爲十分長遠的時間，一般有所謂大、中、小劫。

31. **那由他**：也是計數單位，意爲無量多。

32. **慧眼、法眼、佛眼**：五眼中的三眼，五眼分別如后：

肉眼：肉身所有之眼。

天眼：色界天人之眼。人中修禪定能得此眼，不問遠近、內外、晝夜皆能見。

慧眼：二乘人（聲聞、緣覺）之眼，能照見眞空無相之理的智慧。

法眼：指菩薩爲度衆生，照見一切法門之智慧。

佛眼：佛陀所具之眼，包含前四眼。

《大乘義章》：「此五眼中，慧眼爲空諦一切智；法眼爲假諦道種智；佛眼爲中諦一切智。」亦即能分別觀照空、假、中三諦的智慧。

33. **色身**：即凡人可見之肉身。

34. **慧命**：即長老的別稱。法身以智慧爲命，引伸爲博聞強識的比丘，如須菩提、舍利弗皆是。

35. **轉輪聖王**：簡稱爲輪王，印度神話中的聖王。此王因手持輪寶而得名，輪寶爲上天所賜，分爲金、銀、銅、鐵四輪，分領四方領土，此王一出，天下太平。詳見

《長阿含經》遊行經。

36. **忍（無生法忍）**：即無生，又稱無生忍，也就是涅槃、實相、法性。指世間的一切生滅現象，都是因為眾生的虛妄分別而存在，本質上一切現象都是無生無滅，絕對的靜止現象。能達到這樣的認識，便是修得無生法忍。《圓覺經》：「一切眾生於無生中妄見生滅，是故說名輪轉生死。」忍的字義即指能信難信之理而不惑。

37. **功德**、**福德**：就功德而言，功指做善事，德指福報。但功德強調是功效、利益，也就是利益他人；德則是利益自己。福德有時候用指一切善行；有時又專指行善所得之福報，也就是功德中的「德」。此處專指行善所得之福報。功德往往用來指修行所得的功效。

38. **法相**：《大乘義章》：「一切世諦有為無為，通名法相。」指外在可見的一切現象，包含真理所呈現的現象。

39. **優婆塞**、**優婆夷**：分別指男居士與女居士。優婆塞、優婆夷是譯音。居士、居士女即指佛教的俗世信眾。

結　語

無相智慧最第一。

無相名一切相不憶念，離一切受，

過去、未來、現在，心法無所著。

——百論——

無相菩提者，
被於身為律，
說於口為法，
行於心為禪。
應用者三，其致一也。

——惟寬禪師——

「三界唯心，萬法唯識。」這是大乘佛教發展至唯識學的階段後，所提出的中心理論。整個宇宙的存在與否，整個境界的具相都是人心所現，可見佛學發展到唯識的階段，仍舊是以「心念」、「意識」爲中心。學佛沒有捷徑，就是在「護念」而已。

傳奇小說《枕中記》記載，唐時有位書生名叫盧生，盧生在邯鄲旅店中，遇上一位道士呂翁。盧生向呂翁訴說一生窮困潦倒，呂翁便送他一個枕頭，要他用這枕頭睡覺，自然一身榮華富貴。當時店家正在蒸煮黃粱爲食，盧生便靠枕而眠。夢中盧生娶了名門之女，容貌秀麗，並爲他生下五子。自己則中了進士，累官至節度使，爲相十年。五個兒子也分別與天下望族聯姻，仕途得意，子孫滿堂。盧生活了八十多歲才過世。到得他醒來，店家的黃粱還未蒸熟。這短短的一時半刻，盧生已過了一輩子的榮華富貴，平生所願也都獲得滿足。這便是「黃粱一夢」的典故。

從時間的長河看，人的一生也不過就像蒸煮一頓黃粱般短暫。在這時間裏，一切都是那麼眞實，苦與樂深深牽引人們的心情，有遺憾、有滿足，到得夢醒時，一切都是船過水無痕。萬般追求，到頭來什麼也沒留下。

從心念、意識的角度看，盧生因爲對人生的榮華富貴有所期待，才會在夢中經歷娶妻、爲官、生子等等的境地。在夢中，這些現象都是這麼眞實；夢醒後，這些現象又是這麼虛妄，這就是「三界唯心，萬法唯識。」人的意念主導了人們對這世界的一切認知，「護念」就是在引導我們，對這虛妄或眞實的世界，作正確的認知。具有正確的認知，才能有正確的修行。

《心經》與《金剛經》可謂目前台灣流傳最廣的佛經，也是在中國傳世不絕的佛典。歷代宗師皆以這兩部經，開發衆生的智慧，藉以入道、證道。可惜的是，這兩部經也是被誤用最多的經典，坊間經常可看到宣揚助印或供奉經典，即可發大財或一身福佑的說法，這眞是對佛經的最大誤解。著名佛學學者藍吉富先生，曾舉〈大悲咒〉說：

> 故知〈大悲咒〉之妙用，蓋非僅消災解厄、延年益壽而已。此咒實亦大乘義海之總持、菩薩行門之融攝。……實則行者固可祈求庇護，然浸假亦應發願庇護衆生。

藍先生主張「悲智具足，是謂大乘」。佛經義理必須通達，方能彰顯其用，僅用以消災祈福解厄，未免太可惜了。供奉這兩部經能否起到感應，或帶來財富，筆者不敢斷然說無。因爲個人沒有遇上，不代表不存在。南懷瑾先生則具體地說，他曾經因誦念經文而獲得感應，這感應是突然之間發現自己不見了，不是財富的獲得。本書的編譯目的，就是期待讀者能從經義內容了解這兩部經典，透徹了悟，依經起而修行，發揚經典的大用。

六祖慧能曾對般若法門作了如下的說明：

善知識，迷人口念，當念之時，有妄有非。念念若行，是名眞性。悟此法者，是般若法。修此行者，是般若行。不修即凡，一念修行，自身等佛。

對這般若法門，不管你具有多少的「知識」或「知解」，或者你能每日持誦，仍舊停留在「當念之時，有妄有非。」心中的妄念仍舊無法去除。必須確實去實踐，也就是「念念若行，是名眞性。」佛法是必須透過修行才能實現的。那麼應該如何修行呢？

善知識，我此法門，從上以來，先立無念爲宗，無相爲體，無住爲本。無相者，於相而離相。無念者，於念而無念。無住者，人之本性於世間善惡好醜，乃至冤之與親，言語觸次、欺爭之時，並將為空，不思酬害。念念之中，不思前境。若前念、今念、後念，念念相續不斷，名為繫縛。於諸法上念念不住，即無縛也。此是以無住為本。

慧能主張「護念」就是以無念為目標，以無相為主體，以無住為根本，由無住做起。無住就是不讓心念住留，也就是「念念之中，不思前境。」不執著於先前的心念。如果執著於先前的念頭，就是一種繫縛。要做到不執著的心念，必須了知實相是空，建立空的概念以後，才能了解無相的眞義，也才能依此修行，進而達到「無念」的境界。因此，要做到「離念」，就是要在日常生活中，對外在的境界，起到「無相」的認知，才能引導自己的心念離念。這是必須循序漸進的，不是建立「知見」便能立時達到。慧能所講的這套修行法，正是《金剛經》的修行法。這套修行法是站在務實的立場，不談空說玄，承認人的心念瞬息之間幻滅、生起，生起、幻滅的事實。也只有承認這個事實，才有入道的途徑。

佛教的生命觀是三世相續的，因此，寂滅絕不是今世生命的結束，只一味追求生命的寂滅，是永遠無法解脫的。般若思想提供我們的成佛之道，不僅是今生能獲得解脫，更是三世生命的解脫，解脫的根本就是不執著。而最難做到的，就是吾人對生命的執著，也只有做到這一點，才是眞解脫！

我在山中遇見禪師

作者：淨明
定價：280元

學佛不只是心靈的寄託，而是在混亂的人生中找到方向。
在柔軟的外表下，有一顆堅強不移的心。

一門深山中的佛學課，一位能知身外事的菩薩行者，來自各行各業的凡夫，各式人生問答，是一場又一場的生命旅程。
因爲『修習禪定』，凡事先往壞處想的小兒子拾回面對生活試煉的力量；因爲『放下執著』，十天沒睡的大老闆不再害怕衰老與死亡；因爲明白『諸行無常』，急性子的工地主任不再咒罵員工。
當難以應付的考驗接踵而來時，我們才發現，佛陀的支言片語，早已爲一切提供了解釋。

歡迎來電訂購：(02)2223-1391#32，或搜尋Line官方帳號：大喜出版社

國家圖書館出版品預行編目(CIP)資料

心經・金剛經輕鬆讀：光照江洋 / 蕭振士編譯. -- 初版. --
新北市 : 大喜文化, 2017.11
面 ; 公分. --(淡活智在 ; 11)
ISBN 978-986-95416-1-9(平裝)
1.般若部
221.44 106015669

淡活智在11

心經・金剛經輕鬆讀：光照江洋

編　　譯　蕭振士
編　　輯　蔡昇峰
發 行 人　梁崇明
出 版 者　大喜文化有限公司
登 記 證　行政院新聞局局版台省業字第 244 號
P.O.BOX　中和市郵政第 2-193 號信箱
發 行 處　新北市中和區板南路 498 號 7 樓之 2
電　　話　（02）2223-1391
傳　　真　（02）2223-1077
劃撥帳號　53711606　大喜文化有限公司
E-mail　joy131499@gmail.com
銀行匯款　銀行代號：050，帳號：002-120-348-27
　　　　　臺灣企銀，帳戶：大喜文化有限公司
劃撥帳號　5023-2915，帳戶：大喜文化有限公司
總經銷商　聯合發行股份有限公司
地　　址　231 新北市新店區寶橋路 235 巷 6 弄 6 號 2 樓
電　　話　（02）2917-8022
傳　　真　（02）2915-7212
初　　版　西元 2017 年 11 月
流 通 費　新台幣 280 元
網　　址　www.facebook.com/joy131499

ISBN 978-986-95416-1-9